Henriette Dausend

Die wichtigsten digitalen Tools

für Einstieg, Erarbeitung und Sicherung

Fremdsprachenunterricht

sinnvolle Einsatzmöglichkeiten für jede Unterrichtsphase

Cornelsen

Autorin:

Dr. Henriette Dausend ist Juniorprofessorin der Grundschuldidaktik Englisch an der Technischen Universität Chemnitz. Sie lehrt und forscht im Bereich des fächerübergreifenden und mehrsprachigen Lernens, zum Einsatz von digitalen Medien im Englischunterricht sowie zu pop- und subkulturellen Inhalten im Englischunterricht der Sekundarstufe.

Projektleitung: Dorothee Weylandt, Berlin
Redaktion: Katia Simon, Essen
Umschlaggestaltung: Corinna Babylon, Berlin
Illustrationen (Cover): Shutterstock.com/karnoff
Layout und technische Umsetzung: krauß-verlagsservice, Ederheim/Hürnheim

www.cornelsen.de

2. Auflage 2020

© 2019 Cornelsen Verlag GmbH, Berlin

Druck: AZ Druck und Datentechnik GmbH, Kempten

ISBN 978-3-589-16602-2

PEFC zertifiziert
Dieses Produkt stammt aus nachhaltig
bewirtschafteten Wäldern und kontrollierten
Quellen.

www.pefc.de

PEFC/04-31-2260

INHALTSVERZEICHNIS

Die Digitalisierung durchdringt all unsere Lebensbereiche und ist auch in Phasen des Lehrens und Lernens präsent. Deshalb muss in der Schule, als dem Ort, an dem junge Menschen lernen, der Digitalität ebenfalls Raum geschaffen werden. Es ist notwendig, sowohl den Umgang mit Digitalität quer über alle Fächer hinweg zu fördern, als auch zu schauen, ob der Einsatz digitaler Endgeräte das Lehren und Lernen unterstützen kann.

Damit dies methodisch-didaktisch sinnvoll gelingt, müssen Ideen entwickelt werden, auf welche Weise positive Effekte digitaler Medien im Unterricht genutzt und das Leben im digitalen Zeitalter reflektiert werden kann. Das fremdsprachliche Lernen kann vor allem durch individualisierte, differenzierte und kommunikative Lernaufgaben mit digitalen Medien profitieren.

Das Ziel dieses Buches ist es, Lehrkräften Tools zum digitalen Lernen in den Fremdsprachen vorzustellen. Zahlreiche Apps (z. B. Quizlet), Programme (z. B. Microsoft PowerPoint®) und Webseiten (z. B. Kahoot!) werden in Steckbriefen präsentiert. Dabei werden sie den verschiedenen Phasen im Unterricht zugeordnet.

In einer tabellarischen Übersicht finden Lehrkräfte jeweils alle wichtigen Angaben zu dem vorgestellten digitalen Tool aufgelistet, unter anderem auch, ob es besonders gut für den Einstieg, die Erarbeitung oder die Sicherung des Stoffs eingesetzt werden kann.

In den Steckbriefen werden Informationen zur jeweiligen Unterrichtsphase, den Zielen und Kompetenzen, der Klassenstufe, zu Einsatzmöglichkeiten, Voraussetzungen u. v. m. gegeben. Zusätzlich enthält jeder Steckbrief praktische Hinweise zum Einsatz des Tools und (teilweise) Unterrichtsmaterialien und/oder der Aufgabenstellungen. Diese sind jeweils auf Deutsch erstellt und können an die jeweilige Sprache des Unterrichts angepasst werden.

	Fächer	Kompetenzen	Klasse
Einstieg			
Wortwolken erstellen	alle	⟁ Gelernte Inhalte und sprachliche Mittel wiederholen ⟁ Sprachliche Mittel inhaltsbezogen anwenden ⟁ Vokabular in einem Text überblicken	alle
Mind-Maps erstellen	alle	⟁ Gelernte Inhalte und sprachliche Mittel wiederholen ⟁ Sprachliche Mittel inhaltsbezogen anwenden ⟁ Gelerntes in neuen Situationen anwenden ⟁ Zusammenhänge darstellen	alle
Audio- und Video- dateien abspielen	alle	⟁ Gelernte Inhalte und sprachliche Mittel wiederholen ⟁ Sprachliche Mittel inhaltsbezogen anwenden ⟁ Neue Inhalte präsentieren ⟁ Hör-(Seh-)Verstehen schulen	alle
Tafelbilder wiederholen	alle	⟁ Gelernte Inhalte und sprachliche Mittel wiederholen ⟁ Sprachliche Mittel inhaltsbezogen anwenden ⟁ Neue Inhalte präsentieren ⟁ Hör-(Seh-)Verstehen schulen	alle
Schaubilder erstellen	alle	⟁ Gelernte Inhalte und sprachliche Mittel wiederholen ⟁ Sprachliche Mittel inhaltsbezogen anwenden ⟁ Neue Inhalte erfassen ⟁ Brainstorming initiieren und fest- halten	alle

	Fächer	Kompetenzen	Klasse
Inhalte erfassen	alle	⧩ Gelernte Inhalte und sprachliche Mittel wiederholen ⧩ Sprachliche Mittel inhaltsbezogen anwenden ⧩ Neue Inhalte einführen ⧩ Selbstständige Erarbeitung von Texten, Audio- und Videosequenzen oder Bildern	alle
Erarbeitung			
Eine Bilder-geschichte erstellen	alle	⧩ Inhalte in der Fremdsprache zusammenfassen und wiedergeben ⧩ Inhalte in der Fremdsprache verstehen ⧩ Gesprochene Sprache durch Bilder unterstützen	5–8
Wissen zusammen-stellen und präsentieren	alle	⧩ Inhalte in der Fremdsprache zusammenfassen und wiedergeben ⧩ Inhalte auf Folien festhalten und aufbereiten ⧩ Bilder mit Schrift kombinieren ⧩ Informationen auf mehreren Folien sinnvoll strukturieren	alle
Comics gestalten	alle	⧩ Inhalte in einer Comic-Sequenz umsetzen ⧩ Geschichten in der Fremdsprache entwickeln ⧩ Vokabular und sprachliche Mittel korrekt anwenden ⧩ Sich neue Begriffe erarbeiten ⧩ Visuelle Hilfen richtig einsetzen	alle

	Fächer	Kompetenzen	Klasse
Bücher erarbeiten	alle	⊿ Inhalte in der Fremdsprache zusammenfassen und wiedergeben ⊿ In der Fremdsprache schreiben und sprechen ⊿ Visuelle und auditive Informationen verknüpfen ⊿ Eigene Sprachaufnahmen und Videobeiträge reflektieren ⊿ Ein Buch zu einem Thema erstellen	alle
Sprache erkunden	alle	⊿ Fremdsprachliche Inhalte hören und lesen ⊿ Bedeutungen fremdsprachlicher Texte erarbeiten ⊿ Zusammenhänge von gelernten und neuen Inhalten erstellen ⊿ Neue Informationen festhalten und aufbereiten	alle
Videos erstellen	alle	⊿ Inhalte in der Fremdsprache erarbeiten und in einem Film wiedergeben ⊿ Die Fremdsprache zielgerichtet anwenden ⊿ Neues Vokabular erarbeiten ⊿ Eine Storyline entwickeln ⊿ Mit anderen zusammenarbeiten ⊿ Umgang mit der Kamera schulen	alle

	Fächer	Kompetenzen	Klasse
Storytelling	alle	⟁ Inhalte in der Fremdsprache erarbeiten und in einem Rollenspiel wiedergeben ⟁ Eigene Geschichten erstellen ⟁ Geschichten in der Fremdsprache wiedergeben ⟁ Mit anderen zusammenarbeiten ⟁ Die Sprache in Geschichten visuell unterstützen	alle
Interaktiv Vokabeln und Grammatik lernen	alle	⟁ Vokabular und Grammatik wiederholen, festigen und/oder neu lernen ⟁ Sich in Foren über sprachliche Besonderheiten austauschen ⟁ Schulisches mit privatem Lernen verbinden ⟁ Einblick in weitere Sprachen erhalten	alle
Cartoons entwickeln	alle	⟁ Inhalte in der Fremdsprache erarbeiten und in einem Cartoon wiedergeben ⟁ Eigene Geschichten erstellen ⟁ Geschichten in der Fremdsprache wiedergeben ⟁ Mit anderen zusammenarbeiten ⟁ Bilder und Sprache kombinieren	alle
Songs, Podcasts und Co. erstellen	alle	⟁ Inhalte in der Fremdsprache erarbeiten und in einem Song oder Podcast wiedergeben ⟁ Sprachliche Beiträge planen und umsetzen ⟁ Sprache mit Musik kombinieren ⟁ Mit anderen zusammenarbeiten ⟁ Die Sprache in Geschichten visuell unterstützen	alle

	Fächer	Kompetenzen	Klasse
Sicherung			
Spielerisch Wissen überprüfen	alle	⚐ Fragen und Antwortmöglichkeiten in der Fremdsprache verstehen ⚐ Wissen anwenden ⚐ Gelerntes überprüfen ⚐ Sich selbst einschätzen (im Vergleich zu anderen)	alle
Quizze erstellen	alle	⚐ Fragen und Antwortmöglichkeiten in der Fremdsprache verstehen ⚐ Wissen anwenden ⚐ Gelerntes überprüfen ⚐ Sich selbst einschätzen (im Vergleich zu anderen)	alle
Gelerntes wiedergeben	alle	⚐ Erarbeitete Inhalte in Minecraft nachbauen ⚐ Bauwerke und Welten fremdsprachlich beschreiben ⚐ Einfache Beschreibungen in der Fremdsprache verstehen ⚐ Verschiedene Umsetzungsmöglichkeiten (in der Fremdsprache) diskutieren	alle
Klassisch präsentieren	alle	⚐ Erarbeitete Inhalte präsentieren ⚐ Vokabular und sprachliche Mittel korrekt und angemessen einsetzen ⚐ Sprachliches Verstehen mit visuellen Impulsen unterstützen ⚐ Einen roten Faden erarbeiten ⚐ Inhalte in der Fremdsprache präsentieren ⚐ Präsentationen anderer in der Fremdsprache folgen	alle

	Fächer	Kompetenzen	Klasse
Dynamisch präsentieren	alle	⬠ Erarbeitete Inhalte präsentieren ⬠ Vokabular und sprachliche Mittel korrekt und angemessen einsetzen ⬠ Sprachliches Verstehen mit visuellen Impulsen unterstützen ⬠ Einen roten Faden erarbeiten ⬠ Inhalte in der Fremdsprache präsentieren ⬠ Präsentationen anderer in der Fremdsprache folgen	alle

PHASE 1: EiNSTiEG

1.1 Wortwolken erstellen mit Wordle

Ziele/Kompetenzen

Die Schüler*innen …

- aktivieren ihr Vorwissen, indem sie einzelne Schlagworte verstehen und darauf reagieren.
- erschließen die Bedeutung neuer Begriffe und Inhalte mittels bekannter Vokabeln.
- verstehen die Anordnung von Vokabeln in Wortfamilien oder aufgrund inhaltlicher Zusammenhänge.
- festigen eingeführtes Vokabular.
- sprechen oder schreiben zu einzelnen impulsgebenden Schlagworten.

Fach/Klasse

Alle Fächer und alle Klassen

Einsatzmöglichkeiten

- Wiederholen von Vokabular, Wiederholen von Inhalten, Einführung neuer Inhalte, Vorentlastung von Vokabular
- Ggf. Sicherung des Gelernten, wenn Schüler*innen Wortwolken erstellen

Verwendungshinweise

Wortwolken können von der Lehrkraft als Einstieg gewählt werden, um Worte als Lernimpulse visuell strukturiert anzubieten. Die Schüler*innen können außerdem Wortwolken erstellen, um Gelerntes zusammenzufassen, zu sichern und/oder zu präsentieren.

Vorbereitung

- Geräte und Updates prüfen
- Internetzugang ist notwendig

Sozialform(en)	Ähnliche Apps
Plenum, Einzelarbeit, Gruppenarbeit	- TagCrowd (browserbasiert) - Word Cloud (Android: kostenfrei, Werbung, In-App-Käufe) - Wordsalad (iOS: kostenfrei, In-App-Käufe)

Beschreibung

Wordle (browserbasiert) ist ein Programm, mit dem Wortwolken erstellt werden können. Mithilfe des Buttons „Create" ist es möglich, einen Text hochzuladen oder Schlagworte einzugeben. Das Programm zählt die auftretenden Begriffe nach Häufigkeit aus und erstellt eine Wolke, die aus den Begriffen des Textes besteht. Die Begriffe werden innerhalb der Wortwolke größer dargestellt, je häufiger sie im Text vorhanden sind. Die erstellten Wortwolken können entweder direkt vom Programm übernommen oder in einem zweiten Schritt bearbeitet werden. Es ist möglich, das Layout, die Farbgebung und die Schriftart zu wählen und zu bearbeiten.

Wortwolken bieten sich an, um Gelerntes zu Beginn einer neuen Einheit zu wiederholen oder zusammenzufassen. Auch neue Inhalte und Texte können mit Wordle eingeführt werden, indem die Wortwolken den Schüler*innen erste Impulse zu einem neuen Thema bieten. Auf diese Weise kann z. B. Vokabular vorentlastet werden, bevor der eigentliche Text gelesen oder gehört wird. Im Vergleich zu Mind-Maps (siehe S. 14, Kap. 1.2) liegt der Fokus bei Wortwolken auf einzelnen Begriffen und deren Häufigkeit in Texten. Zur Darstellung von Zusammenhängen sollten besser Mind-Maps eingesetzt werden.

TIPPS | Wortwolken bieten vielfältige Impulse, um das Sprechen oder Schreiben zu fördern. So stellen die Begriffe in der Wortwolke Anlässe dar, zu denen sich die Schüler*innen mündlich oder schriftlich äußern (siehe Material I, nächste Seite).
Wortwolken können von den Schüler*innen in Phasen der Sicherung erstellt werden, um erarbeitete Inhalte zusammenzufassen. Dabei können die Schüler*innen erstellte Texte in Wordle hochladen oder sie geben Schlagworte als Ergebnisse ihrer Arbeit ein. Auf diese Weise fassen die Schüler*innen bearbeitete Inhalte zusammen und können die Wortwolke z. B. auch für eine Präsentation nutzen.

VARIANTEN | Neben den benannten Apps können Wortwolken auch mit Präsentationsprogrammen, wie z. B. Microsoft PowerPoint® oder Prezi (siehe S. 58/60, Kap. 3.4/3.5) erstellt werden. Hier wird jedoch kein Text ausgewertet und auch keine Wortwolke automatisch vom Programm erstellt. Vielmehr werden einzelne Begriffe eingegeben und eigenständig sortiert. Begriffe können flexibel durch die Variationen in der Schriftart und -größe, der farblichen Gestaltung usw. hervorgehoben werden. Diese Gestaltung bietet sich an, wenn kein unmittelbarer Text zugrunde liegt und/oder nur auf einzelne Wörter verwiesen werden soll.

Material I (Einstieg)

In der Wortwolke siehst du verschiedene Begriffe.

1) Schreibe alle Begriffe auf, die du kennst.

2) Welches Thema wird in der Wortwolke behandelt?

3) Ein Freund fragt dich, was du über das Thema denkst. Schreibe deine Meinung für ihn auf.

Material II (Sicherung)

In der vergangenen Unterrichtsphase habt ihr Inhalte zu einem Thema erarbeitet. Nun liegen dir und deinen Partner*innen die Ergebnisse der Erarbeitung vor.

1) Fasst eure Ergebnisse in sieben bis zehn Schlagworten zusammen.

2) Erstellt mit den Schlagworten eine Wortwolke.

3) Stellt eure Wortwolke in der Klasse vor.

    a. Benennt euer Thema.

    b. Nennt zu jedem Schlagwort eure wichtigste Erkenntnis.

1.2 Mind-Maps erstellen mit Popplet Lite

Ziele/Kompetenzen

Die Schüler*innen …

✍ aktivieren ihr Vorwissen, indem sie auf bekannte Inhalte verbal oder schriftlich reagieren.

✍ aktivieren ihr Vorwissen, indem sie eigene Ideen zu einem Thema festhalten.

✍ erschließen die Bedeutung von neuen Inhalten mittels sprachlicher und/oder visueller Impulse.

✍ festigen eingeführtes Vokabular.

Fach/Klasse

Alle Fächer und alle Klassen

Einsatzmöglichkeiten

Wiederholen von Inhalten, Einführung neuer Inhalte, Vorentlastung von Vokabular, Sammlung von Vorwissen, Aktivierung von Vorwissen, ggf. Sicherung des Gelernten

Verwendungshinweise

Popplet Lite (iOS) bietet die Möglichkeit, Mind-Maps zu erstellen. Mind-Maps können von der Lehrkraft als Unterrichtsimpuls genutzt werden. Sprachliche und visuelle Impulse helfen den Schüler*innen, ihr Vorwissen zu aktivieren und/oder neue Inhalte in Bezug auf vorhandene Kompetenzen zu erschließen. Sie können auch eigene Ideen in Bezug auf ein genanntes Thema in einer eigenen Mind-Map festhalten. Die Lehrkraft oder die Schüler*innen können auch Mind-Maps erstellen, um Gelerntes zusammenzufassen, zu sichern und/oder zu präsentieren.

Vorbereitung

✍ Geräte und Updates prüfen

✍ Popplet Lite (iOS) ist kostenfrei im itunes App-Store erhältlich.

Sozialform(en)	Ähnliche Apps
Plenum, Einzelarbeit, Gruppenarbeit	✍ SimpleMind free (Android: kostenfrei) ✍ SimpleMind+ (iOS: kostenfrei, In-App-Käufe)

Beschreibung

Popplet Lite ist eine App für iOS mit der die Lehrkraft und die Schüler*innen Mind-Maps erstellen können. Intuitiv lassen sich durch das Klicken auf den Bildschirm neue Bubbles hinzufügen, in welche Text getippt oder handschriftlich eingegeben werden kann. Die jeweilige Schrift, aber auch die Bubbles lassen sich vielfältig bearbeiten. Zudem können auch Bilder und Fotos in die Bubbles eingefügt werden. Unterschiedliche Bubbles können farbig markiert und miteinander verbunden werden, um Inhalte in einem sinnvollen Zusammenhang anzuordnen. Die App unterstützt, indem sie neben der intuitiven Bedienung auch den jeweiligen Arbeitsstand speichert, sodass keine Inhalte verlorengehen können.

Die Lehrkraft kann Mind-Maps vorab erstellen und als Impuls im Unterricht einsetzen. Die Schüler*innen aktivieren durch die sprachlichen und/oder visuellen Impulse ihr Vorwissen. In Ergänzung zu Gesprächen im Klassenverband können weiterführende sprachliche und schriftliche Lernaufgaben mit der Mind-Map angeregt werden. Im Gegensatz zu Wortwolken (siehe S. 11, Kap. 1.1) können bei Mind-Maps Bilder und Fotos integriert und eigenständig angeordnet werden.

Schüler*innen können Mind-Maps auch selbst erstellen, um eigene Ideen zu Themen festzuhalten. Dies kann sowohl zur Aktivierung von Vorwissen zu Beginn einer Einheit eingesetzt werden, als auch als Zusammenfassung am Ende.

TIPPS | Mind-Maps bieten sich auch als Impuls an, um Sprechen oder Schreiben anzuregen. Es können vielfältige kommunikative Aufgaben mit Mind-Maps vorbereitet und verknüpft werden. Das Erstellen einer eigenen Mind-Map hilft den Schüler*innen zudem, eigene Inhalte kompakt zusammenzufassen und durch die visuellen Gestaltungsmöglichkeiten innerhalb der App für andere ansprechend und verständlich aufzubereiten. Gerade junge Lerner können bei ihren ersten Präsentationen mit Mind-Maps arbeiten, bevor sie in längeren Präsentationen viele Folien übersichtlich gestalten.

VARIANTEN | Neben den genannten Apps können Mind-Maps auch mit Präsentationsprogrammen, wie z.B. Microsoft PowerPoint® oder Prezi, erstellt werden. (siehe S. 58/60, Kap. 3.4/3.5) Hierbei werden Begriffe, Bilder, Zeichnung usw. auf einer leeren Folie angeordnet. Es lassen sich sogar Videos einbauen. Dadurch werden die Präsentationen komplexer, was vor allem bei geübten Schüler*innen sinnvoll ist. Jüngere Schüler*innen können mit handschriftlichen Mind-Maps auf Papier oder ersten Versuchen in PowerPoint® oder Prezi üben.

1.3 Audio- und Videodateien abspielen

Ziele/Kompetenzen

Die Schüler*innen …

- ✍ erschließen sich Inhalte, indem sie sprachliche und sprachlich-visuelle Informationen verstehen und darauf reagieren.
- ✍ aktivieren ihr Vorwissen.
- ✍ erschließen und benennen die Bedeutung von neuen Inhalten mittels sprachlicher und/oder visueller Impulse.
- ✍ vertiefen eingeführte Inhalte.

Fach/Klasse

Alle Fächer und alle Klassen

Einsatzmöglichkeiten

Wiederholen von Inhalten, Einführung neuer Inhalte, Vorentlastung von Vokabular, Aktivierung von Vorwissen, ggf. Sicherung des Gelernten

Verwendungshinweise

Audio- und Videodateien können von der Lehrkraft als Unterrichtsimpuls (oder zusammenfassend als Sicherung) genutzt werden. Material findet sich bei Schulbuch-Verlagen, Institutionen, die Bildung unterstützen (z. B. BBC Learn English), oder auf Plattformen für Lehrkräfte im Internet. Das Material sollte jeweils auf seine Qualität und Passgenauigkeit in Bezug auf die Zielsetzung des Unterrichts geprüft werden. Außerdem sollte beachtet werden, inwieweit die Nutzung einzelner Dateien im schulischen Kontext erlaubt ist.

Vorbereitung

- ✍ Recherche passender Dateien
- ✍ Rechte prüfen
- ✍ Abspielgeräte prüfen und Programm installieren (z. B. direkter Zugriff per Interaktiver Tafel, Laptop oder Tablet, Beamer)

Sozialform(en)

Plenum, Einzelarbeit, Gruppenarbeit	

Beschreibung

Im Zuge der Digitalisierung nimmt die Verbreitung von Inhalten in Audio- und Videoformaten zu. Das sprachliche Lernen kann von einer Vielzahl an Dateien profitieren, die dabei helfen, eine sprachliche wie kulturelle Vielfalt ins Klassenzimmer zu transportieren. Es kann Muttersprachlern gelauscht werden, die in authentischen Formaten (z. B. für Radio- oder Fernsehsender in den Zielsprachenländern) über verschiedenste Themen sprechen.

Neben der inhaltlichen Komponente bieten die visuellen wie auditiven Informationen vielfältige Einblicke auch in kulturelle Zusammenhänge. Zudem können die Schüler*innen verschiedensten Variationen der Zielsprache lauschen. Weiterhin ist es möglich, verschiedene Genres einzuführen und zu kontrastieren (z. B. Hörbuch, Film, Theaterproduktionen).

Das enorme Angebot fordert die Lehrkraft jedoch dazu auf, sorgfältig und passgenau auszuwählen. Werden passende Dateien gefunden, können diese das Verstehen und Lernen durch die Nutzung der audio-visuellen Modi unterstützen.

Die Schüler*innen können in weiteren Schritten dazu aufgefordert werden, eigens erarbeitete Inhalte in Audio- und Videodateien festzuhalten. Auf diese Weise erleben sie, wie komplex es ist, gute Endprodukte zu erstellen. Neben der Beachtung vieler, z. B. filmischer Aspekte, erarbeiten sie so, Inhalte zielgruppengerecht zusammenzufassen und darzustellen.

TIPPS

- Es sollte unbedingt die rechtliche Voraussetzung der Nutzung geklärt werden.
- Institutionen, die sich mit Bildungsaufgaben befassen, wie die Schulbuch-Verlage, die Kultusministerien der Länder, Radio- und Fernsehanstalten u. v. m., bieten auf ihren Internetseiten vielfältige Audio- und Videoformate an. Diese sind (meist) didaktisch geprüft und aufbereitet und können rechtssicher genutzt werden.

VARIANTEN

Die Lehrkraft und die Schüler*innen können eigenständig Audio- und Videodateien erstellen. Im Anschluss an die Erarbeitung eines Themas kann das erworbene Wissen in Podcasts oder Videobeiträgen festgehalten werden. Diese können dann zur Wiederholung von Gelerntem oder zur Einführung des Inhaltes in anderen Klassen genutzt werden.

Achtung! Beiträge, die von Schüler*innen erstellt wurden oder diese zeigen, sollten außerhalb des Unterrichtskontextes nur nach schriftlicher Genehmigung durch die Schüler*innen und ihre Erziehungsberechtigten gezeigt werden.

1.4 Tafelbilder wiederholen mit Educreations

Ziele/Kompetenzen

Die Schüler*innen …
- ✑ verstehen sprachliche und sprachlich-visuelle Informationen.
- ✑ aktivieren ihr Vorwissen.
- ✑ erschließen die Bedeutung von neuen Inhalten mittels sprachlicher und/oder visueller Impulse.
- ✑ vertiefen eingeführte Inhalte.

Fach/Klasse

Alle Fächer und alle Klassen

Einsatzmöglichkeiten

Wiederholen von Inhalten, Einführung neuer Inhalte, Vorentlastung von Vokabular, Aktivierung von Vorwissen, ggf. Sicherung des Gelernten

Verwendungshinweise

Educreations (iOS und browserbasiert) kann bei der Erarbeitung sämtlicher Inhalte helfen, Informationen festzuhalten, zu sichern und zu präsentieren. Der Mehrwert liegt darin, dass jegliche Bearbeitungen der Folien, wie z. B. das Markieren von Begriffen, aufgezeichnet werden. So kann im abgespielten Durchlauf der Folien nachvollzogen werden, wie z. B. Linien gezogen oder Bilder angekreuzt werden. Im Internet finden sich zahlreiche Tutorials dazu, wie die Funktionen vielfältig angewendet werden können.

Vorbereitung

- ✑ Geräte und Updates prüfen
- ✑ Die App Educrations (iOS) kostenfrei aus dem itunes App-Store installieren (In-App-Käufe) oder browserbasiert nutzen

Sozialform(en)	Ähnliche Apps
Plenum, Einzelarbeit, Gruppenarbeit	✑ LiveBoard (Android, iOS, browserbasiert: kostenfrei) ✑ Adobe Spark (iOS, Android, Windows: kostenfrei, In-App-Käufe, siehe S. 27, Kap. 2.2)

Beschreibung

Educreations funktioniert wie eine interaktive Tafel für das Tablet. Mit der Anwendung lassen sich Tafelbilder erstellen. In einzelne Folien (Tafelbildern) können Bilder und Fotos geladen werden. Mit einem Stift kann in unterschiedlichen Farben auf die Folien geschrieben und gezeichnet werden. Dabei ist es möglich, direkt in Bilder hineinzuzeichnen und Markierungen vorzunehmen. Ein Aufnahmebutton ermöglicht es, die Erstellung des Tafelbilds in Echtzeit aufzunehmen und mit sprachlichen Erläuterungen zu versehen. Im Anschluss kann das Tafelbild abgespielt werden.

Educreations bietet die Möglichkeit, dass die Lehrkraft Tafelbilder im Vorfeld generiert und als Impuls oder Wiederholung ähnlich einer Videosequenz einsetzt. Zusätzlich lässt sich eine Aufnahme parallel zum Unterricht erstellen. Außerdem können Tafelbilder vergangener Stunden erneut gezeigt und erweitert werden, wenn diese entweder mit Educreations erstellt oder als Foto in die App geladen werden. So können auch analog erstellte Tafelbilder oder Poster digital gesichert und erweitert werden.

Schüler*innen können die App auch nutzen, um erarbeitete Inhalte zu präsentieren.

TIPPS
Die Tafelbilder in Educreation werden als Datei im Videoformat gespeichert. Sie werden folglich als Ganzes abgespielt. Dies bietet sich an, wenn das Tafelbild bereits vor der Stunde festgelegt werden kann. Spontane Äußerungen von Schüler*innen oder Ergänzungen durch die Lehrkraft müssen extra festgehalten werden (z. B. an der Tafel und per Foto in die App integriert).

VARIANTEN
LiveBoard und Adobe Spark lassen sich verwenden wie Educreations. Darüber hinaus gibt es weitere Apps, die es erlauben, visuelle Impulse mit Sprache und Schrift zu verbinden:
Für Anfänger:
✄ Our Story: Fotos in eine Reihenfolge bringen und mit Sprache kombinieren (siehe S. 24, Kap. 2.1)
✄ Puppet Pals HD: Vorgefertigte Settings und Figuren bewegen und mit Sprache hinterlegen (siehe S. 41, Kap. 2.7)
Für Fortgeschrittene:
✄ Book Creator: Ein digitales Buch erstellen, in welchem die Seiten frei mit Bildern, Fotos, Videos, Audios, Schrift, Zeichnung usw. gestaltet werden können (siehe S. 32, Kap. 2.4)

1.5 Schaubilder erstellen mit Padlet

Ziele/Kompetenzen

Die Schüler*innen …
- verstehen sprachliche und sprachlich-visuelle Informationen.
- aktivieren ihr Vorwissen.
- erschließen die Bedeutung von neuen Inhalten mittels sprachlicher und/oder visueller Impulse.
- vertiefen eingeführte Inhalte.
- ergänzen vorgegebene Inhalte mit eigenen Ideen.

Fach/Klasse

Alle Fächer und alle Klassen

Einsatzmöglichkeiten

Wiederholen von Inhalten, Einführung neuer Inhalte, Vorentlastung von Vokabular, Aktivierung von Vorwissen, ggf. gemeinsame Erarbeitung von Inhalten oder Sicherung des Gelernten

Verwendungshinweise

Padlet funktioniert browserbasiert und kann mit jedem digitalen Endgerät genutzt werden. Jeder Nutzer kann sich mit einem gültigen Facebook- bzw. Google-Account oder direkt bei Padlet anmelden. Die kostenlose Version bietet die Möglichkeit, drei Padlets zu erstellen und zu teilen. **Achtung!** Um Padlet nutzen zu können, muss sich jeder Nutzer registrieren. Sollen die Schüler*innen also aktiv an Padlet mitarbeiten, muss vorab geklärt werden, wie dies im jeweiligen Lehr-Lern-Kontext rechtlich zu handhaben ist.

Vorbereitung

- Geräte und Updates prüfen
- Padlet im Browser aufrufen
- Registrieren und anmelden
- Padlet speichern bzw. teilen

Sozialform(en)	Ähnliche Apps
Plenum, Einzelarbeit, Gruppenarbeit	- Adobe Spark (siehe S. 27, Kap. 2.2) - Popplet lite (siehe S. 11, Kap. 1.2) - Skype (alle Systeme: kostenfrei)

Beschreibung

Padlet ist ein Programm, mit dem Schaubilder erstellt werden können. Dabei können Inhalte in sechs verschiedenen Formaten arrangiert werden: Die Wand sammelt Informationen ähnlich einer Mind-Map. Die Leinwand ermöglicht es, Inhalte zu clustern. Im Stream können Inhalte nacheinander von oben nach unten arrangiert werden. Im Raster werden Inhalte in Feldern wiedergegeben, ähnlich einer Pinnwand. Das Regal bietet die Möglichkeit, Inhalte nach Spalten zu sortieren. Der Backchannel ermöglicht, Inhalte in Form eines Chatverlaufs zu generieren.

Alle sechs Funktionen können von der Lehrkraft genutzt werden, um sprachliche und visuelle Impulse zu Beginn einer Einheit anzubieten. Alle erstellten Inhalte können über eine interaktive Tafel, ein Tablet oder einen PC mit Beamer den Schüler*innen gezeigt werden. Gleichzeitig können andere User zur Bearbeitung der Padlets zugelassen werden. Auf diese interaktive Weise können entweder Native Speaker mit eingebunden werden oder die Schüler*innen selbst aktiv werden.

TiPPS

- Die kostenlose Version von Padlet erlaubt es, drei verschiedene Padlets zu erstellen.
- Padlet bietet zudem eine Version extra für Schulen an, die 30 Tage kostenfrei getestet werden kann. Der Hersteller wirbt damit, dass bei dieser Version die Sicherheit an die Bedürfnisse von Schulen angepasst ist, mehr Speicherplatz zur Verfügung steht und erweiterte Optionen in der Verwaltung der Padlets genutzt werden können.
- Die Chatfunktion kann eingesetzt werden, um Chatverläufe im Vorfeld zu erstellen oder in Echtzeit mit einem Native Speaker zu chatten.

VARiANTEN

- Mit Adobe Spark können neben Videos auch Grafiken und Webseiten konstruiert werden. So können Oberflächen erstellt werden, auf denen die Schüler*innen Inhalte organisieren.
- Popplet Lite bietet die Möglichkeit, einfach Mind-Maps zu erstellen.
- Skype kann genutzt werden, um in Echtzeit mit einem Native Speaker in Kontakt zu treten. Im Gegensatz zum Chatverlauf kann aufgrund der Videotelefonie-Funktion mit dem Partner gesprochen und dieser gesehen werden. Der aktuelle Bildschirm, z. B. mit einer Grafik oder einem Bild, welches die Schüler*innen im Klassenraum sehen, kann zudem Partnern gezeigt werden.

1.6 Inhalte erfassen mit dem QR Code Reader

Ziele/Kompetenzen

Die Schüler*innen …

🗘 verstehen sprachliche und sprachlich-visuelle Informationen.

🗘 aktivieren ihr Vorwissen.

🗘 erschließen die Bedeutung neuer Inhalte mittels sprachlicher und/ oder visueller Impulse.

🗘 erstellen QR-Codes zu eigenen Informationen.

Fach/Klasse

Alle Fächer und alle Klassen

Einsatzmöglichkeiten

Wiederholen von Inhalten, Einführung neuer Inhalte, Vorentlastung von Vokabular, Aktivierung von Vorwissen, Erarbeitung eigener Inhalte

Verwendungshinweise

QR-Codes können leicht browserbasiert (z. B. mit QRCode Monkey) oder mit einer von zahlreichen Apps erstellt werden. Je umfangreicher der im QR-Code festgehaltene Text ist, desto komplexer wird der Code, welcher wiederum für die Endgeräte schwerer lesbar wird.

Vorbereitung

🗘 Geräte und Updates prüfen

🗘 Inhalte erstellen und/oder auswählen

🗘 Einen QR-Code zum Inhalt erstellen

🗘 QR-Code zur Verfügung stellen

Sozialform(en)	Ähnliche Apps
Plenum, Einzelarbeit, Gruppenarbeit	Verschiedene Versionen von QR-Code-Scannern und -Readern

Beschreibung

QR-Code-Reader oder -Scanner bieten die Möglichkeit, komplexe Informationen durch einen QR-Code zu repräsentieren. Dieser kann mit einem Smartphone, dem Tablet oder einem PC gescannt werden. Es ist möglich, sämtliche Informationen via QR-Code zu transportieren, wie z.B. Links zu Webseiten, Hinweise zu Orten, Kalendereinträge, Fotos, Kontakte.
Die Lehrkraft kann sämtliche Inhalte in QR-Codes bereitstellen. Die Schüler*innen können die Codes mit ihren Geräten scannen und unmittelbar sowie gleichzeitig auf die Inhalte zugreifen. Dies bietet sich etwa an, wenn z.B. auf Arbeitsblättern oder an der interaktiven Tafel Platz gespart werden soll oder wenn alle Schüler*innen während einer Stationenarbeit auf verschiedene Inhalte gleichzeitig zugreifen sollen. Da sich mit den meisten Readern bzw. Scannern auch Codes erstellen lassen, können die Schüler*innen erarbeitete Inhalte auch per QR-Code sichern und der Lehrkraft oder anderen Schüler*innen zugänglich machen.

TiPPS
- Für mobile Endgeräte gibt es eine Vielzahl an QR-Code-Readern bzw. -Scannern. Hier sollte einer gewählt werden, der möglichst wenig Werbung anzeigt und bei der Installation nur auf die nötigsten Funktionen der mobilen Endgeräte zugreift.
- Mit den meisten Readern bzw. Scannern lassen sich auch QR-Codes erstellen.

VARiANTEN
QR-Codes können auch browserbasiert erstellt werden, z.B. mit QRCode Monkey

2.1 Eine Bildergeschichte erstellen mit Our Story

Ziele/Kompetenzen

Die Schüler*innen …
- ⟢ entwickeln eine Geschichte zu einem Thema.
- ⟢ legen fest, wie sich die Geschichte visuell und sprachlich entwickeln soll.
- ⟢ wählen Bilder aus, um Aussagen zu transportieren, oder erstellen eigene Fotos.
- ⟢ bringen aussagekräftige Bilder in eine sinnvolle Reihenfolge.
- ⟢ sprechen oder schreiben etwas zu dem jeweiligen Bild.
- ⟢ stellen ihre Bildergeschichte in der Klasse vor, indem sie im eigenen Tempo durch die Geschichte führen.
- ⟢ ergänzen ggf. die vorgefertigten Folien spontan und/oder fassen Inhalte in der Fremdsprache auf Folien zusammen.

Fach/Klasse

Jüngere Lerner

Einsatzmöglichkeiten

Erarbeitung neuer Inhalte, Sicherung erarbeiteter Inhalte, Präsentation erarbeiteter Inhalte; Verbreitung von Inhalten; Reflexion der Nutzung digitaler Medien zur Verbreitung von Inhalten

Verwendungshinweise

Our Story (iOS) ist im Layout sehr einfach und benutzerfreundlich gehalten. Die Funktionen sind auf das Aufnehmen und das Einfügen von Bildern sowie die Aufnahme von Sprache oder Schrift reduziert. Die App bietet sich für junge Lernende an, da die Konzentration auf die Bedienung der App sehr gering gehalten werden kann und bereits mit wenigen sprachlichen Kompetenzen aufgrund der Dominanz der Fotos und Bilder informative Geschichten entstehen können.

Vorbereitung

- ⟢ Geräte und Updates prüfen
- ⟢ Our Story aus dem itunes App-Store installieren

Sozialform(en)	Ähnliche Apps
Plenum, Einzelarbeit, Gruppenarbeit	⧄ Book Creator (siehe S. 32, Kap. 2.4) ⧄ Adobe Spark (siehe S. 27, Kap. 2.2)

Beschreibung

Our Story (iOS) ist eine App, mit der in die produktive Arbeit mit dem Tablet eingeführt werden kann. Mit der App werden Fotos und Bilder in eine Reihe gebracht. Zu jedem Foto kann Sprache aufgenommen oder schriftliche Informationen eingefügt werden.

Gerade Anfänger mit noch geringen sprachlichen Kompetenzen können Geschichten entwickeln, die vor allem aufgrund der Bilder zu verstehen sind. Je nach Fähigkeiten der Schüler*innen können sie individuell und differenziert zu den Bildern sprechen oder schreiben. Die App bietet eine sehr offene Lernumgebung, sodass in Lernaufgaben konkrete Ziele, ein Thema und ggf. Hilfe für die Entwicklung einer Geschichte (Storyboard) oder sprachliche Hinweise zu geben sind.

Die Geschichten werden von den Schüler*innen anschließend vorgestellt. Die Schüler*innen halten das Tablet in der Hand und bestimmen, wann sie ein weiteres Bild ihrer Geschichte durch Wischen von rechts nach links aufrufen. Für die Zuschauer erscheinen erst das Bild und dann die Schrift automatisch bzw. die Sprachaufnahme ist zu hören. Für die Vortragenden ergibt sich so die Möglichkeit, die wichtigsten Informationen im Vorfeld einzusprechen oder aufzuschreiben. Je nach Lerngruppe können ergänzende Informationen während der Präsentation gegeben werden, da diese nach jedem Bild stoppt und erst durch den Impuls der Schüler*innen weitergeht.

TiPPS Die Umsetzung der Geschichte mit der App Our Story sollte der letzte Schritt bei der Erarbeitung einer Geschichte sein. Zuvor sollte das Thema klar eingegrenzt, Vokabular vorentlastet bzw. eingeführt, ggf. Inhalte erarbeitet und die Geschichte dann mithilfe eines Storyboards (siehe Beispiel auf der nächsten Seite) zunächst erstellt werden. Die Umsetzung in der App sollte erst erfolgen, wenn die Geschichte mit Charakteren, Settings, Plot usw. geplant ist. Natürlich bietet die App die Möglichkeit, auf kleine Änderungen spontan zu reagieren, indem nicht-geplante Fotos eingefügt und beschrieben oder besprochen werden.

VARIANTEN Fortgeschrittene Lerner können die App Book Creator (iOS; Chrome Browser) oder Adobe Spark (iOS, Android, Windows) nutzen, um interaktive Bücher zu ihren Geschichten zu erstellen. Sollen die Geschichten verfilmt werden, bieten sich die Kamerafunktionen der Geräte und/oder Apps wie iMovie (iOS) oder WeVideo (iOS (werbefrei), Android, Windows, Chrome: ggf. Werbung, In-App-Käufe) zur Bearbeitung an. Entsprechend der Kompetenzen der Schüler*innen können mit diesen Varianten komplexere Geschichten mit umfassenderen visuellen und auditiven Impulsen erzählt werden (Book Creator, siehe S. 32, Kap. 2.4).

Material: Storyboard

	Titel: _____
	Namen: _____
Wo?	Setting 1) … Setting 2) …
Wer?	Charakter 1) … Charakter 2) …
Was?	Handlung 1) … Handlung 2) … Wendepunkt … Höhepunkt
Verlauf?	Szene 1) Szene 2) Szene 3)

2.2 Wissen zusammenstellen und präsentieren mit Adobe Spark

Ziele/Kompetenzen

Die Schüler*innen …

⬠ fassen Inhalte in der Fremdsprache auf Folien sinnvoll zusammen.

⬠ kombinieren sprachliche und visuelle Aspekte.

⬠ bringen Informationen in eine sinnvolle Reihenfolge.

⬠ nutzen die Folien, um Inhalte in der Klasse zu präsentieren.

⬠ diskutieren die Möglichkeiten der Verbreitung der zum Video zusammengefügten Folien im Internet.

Fach/Klasse

Alle Fächer und alle Klassen

Einsatzmöglichkeiten

Erarbeitung neuer Inhalte, Sicherung erarbeiteter Inhalte, Präsentation erarbeiteter Inhalte, Verbreitung von Inhalten, Reflexion der Nutzung digitaler Medien zur Verbreitung von Inhalten

Verwendungshinweise

Adobe Spark (iOS, Android, Windows) kann bei der Erarbeitung sämtlicher Inhalte helfen, Informationen festzuhalten, zu sichern und zu präsentieren. So können die Folien z. B. als Vokabelkarten ebenso gut genutzt werden wie zur Darstellung des amerikanischen Wahlsystems. Vorinstallierte Grafiken geben Impulse zur Darstellung. Auch können im Internet zahlreiche Tutorials zu den einzelnen Funktionen und Möglichkeiten eingesehen werden.

Vorbereitung

⬠ Geräte und Updates prüfen

⬠ App Adobe Spark als kostenfreie App für iOS, Android und Windows aus den gängigen App-Stores installieren (In-App-Käufe)

Sozialform(en)	Ähnliche Apps
Plenum, Einzelarbeit, Gruppenarbeit	Educreations (siehe S. 18, Kap. 1.4)

Beschreibung

Das Ziel von Adobe Spark ist es, eine Geschichte zu erzählen, indem auf verschiedenen Folien Bilder, Fotos, Grafiken usw. mit Schrift und/oder Sprache kombiniert werden. Alle erstellten Folien können im Videoformat als eine Sequenz abgespielt und auch im Internet hochgeladen und mit anderen geteilt werden.

Adobe Spark lässt sich in solchen Unterrichtsphasen einsetzen, in denen die Schüler*innen Inhalte eigenständig erarbeitet haben und zusammenfassen wollen. Adobe Spark erlaubt es den Schüler*innen, ein Produkt in der Zielsprache zu erstellen, in welchem sie die gewünschten Inhalte festhalten. Die Präsentation der Inhalte in der Klasse kann im Vorfeld vorbereitet und erstellt werden. Im Nachhinein liegt mit dem Video eine inhaltliche Erarbeitung vor, die auch zu späteren Zeitpunkten genutzt werden kann (z. B. zur Wiederholung von Inhalten durch die Schüler*innen oder zur Bewertung von Leistung durch die Lehrkraft.)

TiPPS

Adobe Spark bietet vielfältige Differenzierungsmöglichkeiten bei der Erarbeitung einer Präsentation:

Niedrige Sprachkompetenz:
- Einsatz von Bildern
- Reduzierte Sprachanteile
- Reduzierte Anzahl von Folien

Hohe Sprachkompetenz:
- Unbegrenzte Nutzung von Sprachen
- Unbegrenzte Komplexität der Folien
- Erhöhte Anzahl von Folien

VARiANTEN

Zahlreiche Programme bieten die Möglichkeit, Bilder, Fotos und Videos auf Folien einzufügen und mit Sprache oder Schrift zu versehen. Dabei unterscheiden sich die Apps meist in der Komplexität der Handhabung und in der Art der Bearbeitungstools:

Anfänger:
- Our Story: Fotos in eine Reihenfolge bringen und mit Sprache kombinieren (S. 24, Kap. 2.1)
- Puppet Pals HD: Vorgefertigte Settings und Figuren bewegen und mit Sprache hinterlegen (S. 41, Kap. 2.7)

Fortgeschrittene:
- Book Creator: Ein digitales Buch erstellen, in welchem die Seiten frei mit Bildern, Fotos, Videos, Audios, Schrift, Zeichnung usw. gestaltet werden (S. 32, Kap. 2.4).

2.3 Comics gestalten mit Comic Life

Ziele/Kompetenzen

Die Schüler*innen …
- ⚑ setzen Inhalte in eine Comic-Sequenz um.
- ⚑ wenden Vokabular und Grammatik korrekt an.
- ⚑ entwickeln eine Geschichte in der Fremdsprache weiter.
- ⚑ erarbeiten sich neue Begriffe.
- ⚑ setzen visuelle Hilfen richtig ein.

Fach/Klasse

Alle Fächer und alle Klassen

Einsatzmöglichkeiten

Sicherung erarbeiteter Inhalte, Erarbeitung neuer Inhalte, Transformation von Inhalten in das Genre Comic

Verwendungshinweise

Comic Life (iOS, Mac und Windows) ist eine der gängigen Apps, um Comics zu erstellen. Diese App ist kostenpflichtig, lohnt sich jedoch sehr, da sie von der Bedienung her sehr simpel und selbsterklärend ist.

Vorbereitung

- ⚑ Geräte und Updates prüfen
- ⚑ Comic Life (iOS) aus dem itunes App-Store oder direkt über die Website des Programmes installieren (kostenpflichtig)

Sozialform(en)	Ähnliche Apps
Plenum, Einzelarbeit, Gruppenarbeit	⚑ ComicBook! (iOS: kostenpflichtig, In App-Käufe) ⚑ Comic Strip It! (lite) (Android: kostenfrei, Werbung, In-App-Käufe)

Beschreibung

Comics können im Unterricht eingesetzt werden, um Inhalte in einem un-
konventionellen Genre wiederzugeben. Der Vorteil des Comics liegt darin,
dass Comics den Schüler*innen als Teil ihrer Lebenswelt bekannt und als Teil
von Jugendkultur mit Spaß und Freude assoziiert werden. Comics zu lesen
und zu erstellen, wird daher meist als spaßiger Zeitvertreib assoziiert, der
im Fremdsprachenunterricht genutzt werden kann. Zudem arbeiten Comics
mit visuellen Impulsen und reduzierter Sprache, sodass auch bei geringen
sprachlichen Kompetenzen komplexe Geschichten erzählt werden können.
Fitte Schüler*innen können ihre Kompetenzen unbegrenzt mit ihrer Kreati-
vität, Geschichten zu entwickeln, verbinden.

In der App Comic Life ist es möglich, Comicseiten frei einzuteilen, Bilder und
Zeichnungen hochzuladen und mit schriftlicher Sprache zu kombinieren. Auf
diese Weise können im Unterricht erarbeitete Inhalte in einem neuen Genre
umgesetzt werden. Diese Wiedergabe in einem anderen Format fordert die
Schüler*innen auf, sich erneut intensiv mit den Inhalten auseinanderzuset-
zen. Zudem können gelernte Inhalte mit eigenen Ideen kombiniert werden,
wenn die Schüler*innen z. B. Geschichten weiterentwickeln oder alternative
Enden erarbeiten.

TiPPS
- Erlernte Inhalte als Comic wiederzugeben, kann die Schüler*innen moti-
  vieren, mit der Fremdsprache zu experimentieren. Damit die Schüler*innen Zeit haben, sich auf die Geschichte einzulassen, eigene Ideen zu
  erarbeiten und in der Fremdsprache zu realisieren, sollte genügend Zeit
  für die Arbeit am Comic eingeplant werden.
- Hausaufgaben können für die Recherche von Vokabular oder die Erarbeitung der Geschichte mit Hilfe eines Storyboards (siehe S. 24,
  Kap. 2.1 Our Story) genutzt werden.
- Um gemeinsam mit den Schüler*innen den Aufbau eines Comics zu besprechen, kann die exemplarische Comicseite (siehe Material) genutzt
  werden.

VARiANTEN
Es gibt zahlreiche Programme, mit denen Comics erstellt werden können.
Sollte Comic Life nicht in Frage kommen, können Comic Strip It! oder
ComicBook! getestet werden oder es wird nach anderen Anwendungen
(Apps) oder auch browserbasiert gesucht. Für viele Programme muss eine
Gebühr bezahlt werden; einige bieten extra Angebote für Schulen.

Material (Schema eines Comics)

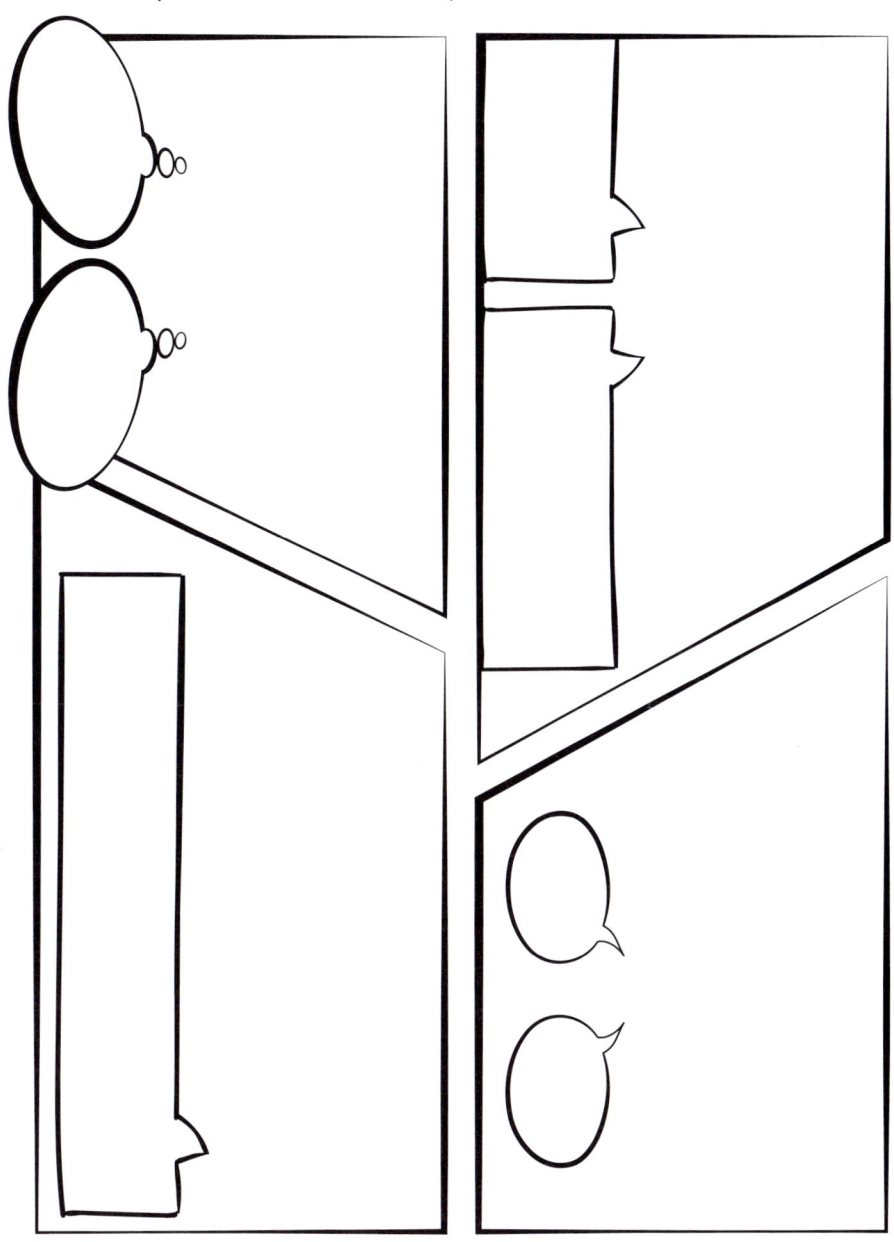

2.4 Bücher erarbeiten mit dem Book Creator

Ziele/Kompetenzen

Die Schüler*innen …
- schreiben und sprechen in der Fremdsprache.
- verbinden Sprache mit visuellen Impulsen.
- gestalten ein digitales Buch.
- fassen Inhalte zusammen.
- präsentieren ihre Bücher in der Klasse.

Fach/Klasse

Alle Fächer und alle Klassen

Einsatzmöglichkeiten

Erarbeitung neuer Inhalte, Sicherung erarbeiteter Inhalte, Präsentation erarbeiteter Inhalte, Verbreitung von Inhalten, Reflexion der Nutzung digitaler Medien zur Verbreitung von Inhalten

Verwendungshinweise

Der Book Creator (iOS oder browserbasiert) ist für iOS und den Chrome Browser erhältlich. Die browserbasierte Version kann auf jedem digitalen Endgerät genutzt werden, auf welchem der Chrome Browser installiert ist. Mit Veröffentlichung dieser neuen Chrome Version wurden die Versionen für Android und Windows aus dem Programm genommen.
Jeder Nutzer muss sich anmelden (beim Anbieter, per Google- oder Facebook-Account). Für Schulen werden separate Lösungen angeboten. Die Anwendung ist kostenpflichtig. Es lohnt sich immer zu schauen, inwieweit eine kostenlose Demoversion aktuell zur Verfügung steht.

Vorbereitung

- Geräte und Updates prüfen
- Book Creator (iOS, kostenpflichtig) installieren oder über den Chrome Browser öffnen
- Als Nutzer anmelden

Sozialform(en)	Ähnliche Apps
Plenum, Einzelarbeit, Gruppenarbeit	✍ Book Creator One (iOS, kostenfrei, In-App-Käufe) ✍ Educreations (siehe S. 18, Kap. 1.4) ✍ Our Story (siehe S. 24, Kap. 2.1) ✍ Adobe Spark (siehe S. 27, Kap. 2.2)

Beschreibung

Der Book Creator ist ein Programm, mit dem digitale Bücher erstellt werden können. Ähnlich eines analogen Buches gibt es eine Titelseite, der jeweils Doppelseiten beliebig hinzugefügt werden können. Auf allen Seiten kann getippt, gezeichnet oder Bilder und Videos sowie Sprachnachrichten eingefügt werden. Bearbeitet werden die Seiten mit vielfältigen Funktionen in Bezug auf das Layout, wie z. B. Hintergründe, Schriftfarbe und -typ. Auch wird eine Auswahl an Grafiken im Programm angeboten.

Im Fremdsprachenunterricht kann der Book Creator genutzt werden, um die Schüler*innen fremdsprachliche Bücher selbstständig erstellen zu lassen. Im Vergleich zu anderen Anwendungen, wie Puppet Pals HD (siehe S. 41, Kap. 2.7) oder Our Story (siehe S. 24, Kap. 2.1), haben die Schüler*innen in Bezug auf das Design und den Umfang ihres Werkes mehr Freiheiten. Diese gilt es, als Lehrkraft durch Lernaufgaben zu strukturieren. Den Schüler*innen sollte das Thema ihrer Bücher sowie die Ziele, die sie erreichen sollen, transparent verständlich und zugänglich sein.

Das erstellte Buch kann von den Schüler*innen präsentiert werden, indem es 1. im Videomodus alle Seiten nacheinander abspielt, 2. im analogen Modus alle Elemente von den Schüler*innen nach einander angeklickt werden. Auf diese Weise lassen sich spontane Ergänzungen oder Rückfragen in die Präsentation einbinden. 3. Kann das Buch als PDF-Dokument ausgedruckt (Achtung: Audio- und Videoelemente gehen dabei verloren!) oder als PDF-, Video- (nicht editierbar) sowie als ePub-Datei (editierbar) verschickt oder im Internet veröffentlicht werden.

Achtung! Beiträge, die von Schüler*innen erstellt wurden oder diese zeigen, sollten außerhalb des Unterrichtskontextes nur nach schriftlicher Genehmigung durch die Schüler*innen und ihre Erziehungsberechtigten gezeigt werden.

TIPPS | Mit der App Book Creator One kann nur ein einziges (!) Buch erstellt werden.
Arbeiten die Schüler*innen zum ersten Mal mit dem Book Creator, sind Merkmale des zu erarbeitenden Produktes vorzugeben. Die Lehrkraft sollte daher für ihre Lerngruppe jeweils folgende Fragen beantworten können:

- Wie kommen die Schüler*innen zum Thema ihres Buches? Wird dies vorgegeben oder frei gewählt?
- Welchen Umfang soll das Buch haben (ggf. Seitenzahl beschränken)?
- Sollen alle Funktionen oder nur ausgewählte (z. B. Fotos und Schrift) genutzt werden?
- Welche Hilfsangebote können die Schüler*innen nutzen, wenn sprachliche Probleme oder Fragen auftauchen?
- Wie viele Schüler*innen gestalten ein Buch? Wie finden sich Partner oder Gruppen?
- Wie und wo sollen die Bücher präsentiert werden?

VARIANTEN | Zahlreiche Programme bieten die Möglichkeit, Bilder, Fotos und Videos zusammenzufügen und mit Sprache oder Schrift zu versehen.
Dabei unterscheiden sich die Apps meist in der Komplexität der Handhabung und in der Art der Bearbeitungs-Tools:
Anfänger: Our Story (siehe S. 24, Kap. 2.1) oder Puppet Pals HD (siehe S. 41, Kap. 2.7)
Fortgeschrittene: Adobe Spark (siehe S. 27, Kap. 2.2) oder Educreations (siehe S. 18, Kap. 1.4)

Material I (Anfänger Englisch)

Meine Familie und Freunde

1) Öffne die App „Book Creator".
2) Drücke den Button „New Book". Gib deinem Buch den Titel „Meine Familie und Freunde von (dein Name)".
3) Erstelle für jede Person eine Seite (Vater, Mutter, Bruder, Schwester, Oma, Opa, Tante, Onkel, Haustier, Freund*in, …).
4) Beginn jede Seite mit dem Namen der Person. Füge ein Foto hinzu sowie alle Informationen, die dir zu der Person wichtig sind.

Material II (Lesetagebuch)

Erstelle ein digitales Buch über deine Lektüre des Werkes XY.

1) Starte im Book Creator ein „Neues Buch".
2) Gib auf dem Titelblatt Titel, Autor, Verlag und Publikationsdatum an.
3) Gestalte eine Übersicht über die Handlung im Werk (Zusammenfassung) auf der ersten Doppelseite deines Buches.
4) Wähle vier Themen/Probleme/Handlungen aus dem Werk aus, die du in deinem Buch darstellen möchtest. Gestalte mindestens je eine Doppelseite. Überlege dir, ob du Schrift, Zeichnungen, Grafiken, Bilder, gesprochene Audio- oder Videodateien nutzen möchtest.

2.5 Sprache erkunden mit Actionbound

Ziele/Kompetenzen

Die Schüler*innen …
- erhalten Fragen und Informationen, indem sie QR-Codes scannen.
- wiederholen bekannte sprachliche Strukturen.
- erarbeiten sich selbstständig neue sprachliche Strukturen.
- schreiben und sprechen in der Fremdsprache.

Fach/Klasse

Alle Fächer und alle Klassen

Einsatzmöglichkeiten

Wiederholung von Inhalten und sprachlichen Mitteln, Erarbeitung neuer Inhalte und sprachlicher Mittel

Verwendungshinweise

Mit der App Actionbound lassen sich Schnitzeljagden erstellen. Ein Abenteuer wird im Programm browserbasiert auf dem PC oder auf mobilen Geräten erstellt. Gespielt wird das Abenteuer auf mobilen Geräten (mit iOS oder Android). Eine Lizenz für die private Nutzung ist kostenfrei. Für die Nutzung in der Schule muss eine EDU-Lizenz erworben werden. Die Schüler*innen können Quizze beantworten, Aufgaben lösen, Turniere spielen oder die App als Wegweiser und Kompass nutzen.

Vorbereitung

- Geräte und Updates prüfen   - Bound im Browser erstellen
- Die App Actionbound (iOS, Android: kostenfrei) auf mobile Geräte laden

Sozialform(en)	Ähnliche Apps
Plenum, Einzelarbeit, Gruppenarbeit	- Aris (iOS: kostenfrei); Maps.me (iOS, Android: kostenfrei, ggf. Werbung, In-App-Käufe); - Kahoot! (siehe S. 51, Kap. 3.1)

Beschreibung

Das Programm Actionbound erlaubt es, Quizze, Aufgaben und Umfragen zu erstellen, auf welche die Schüler*innen per QR-Code zugreifen können.

Es können mehrere Aufgaben miteinander kombiniert und durch die mobilen Geräte an verschiedenen Orten eingesehen werden. Bei der Erstellung der Quizze müssen immer auch Antworten eingegeben werden, sodass die Lehrkraft bereits bei der Erstellung des Bounds die korrekten Informationen integrieren kann. Die QR-Codes können an unterschiedlichen Orten ausgelegt oder aufgehängt und von den Schüler*innen nacheinander bearbeitet werden. Das Spiel kann dabei selbstständig durchgeführt werden, da das Programm direkt auf die Eingaben der Schüler*innen reagiert. Die richtige Antwort wird den Schüler*innen gegeben, sodass zum einen die korrekte Antwort garantiert wird und diese zum anderen als Impuls für weitergehende Aufgabenstellungen (Schreiben oder Sprechen zu der gestellten Frage) genutzt werden kann.

Zweitens lassen sich mit Actionbound GPS-Rallyes erstellen. Inhalte können unmittelbar mit Orten verknüpft werden. Befindet sich das Gerät dann am Ort, kann auf die jeweilige Information zugegriffen werden. Hieraus ergibt sich der Vorteil, dass Informationen nicht vor Ort angebracht werden müssen, sondern die Schüler*innen je nach Lernzeit orts- und zeitunabhängig darauf zugreifen können.

TiPPS

- Mit Actionbound lassen sich Informationen unmittelbar mit den Orten verbinden, für welche sie vorgesehen sind. So können fremdsprachliche Erläuterungen zum Supermarkt von den Schüler*innen direkt in diesem aufgerufen werden, wenn dort ein QR-Code aufgehängt wurde.
- Die Umgebung außerhalb des Klassenzimmers lässt sich ins Lernen integrieren. Insbesondere die GPS-Rallye bietet sich an, um die sprachliche Vielfalt der Umgebung zu erkunden.
- Vor ihrer ersten Rallye sollte die App und ihre Funktionsweise mit den Schüler*innen besprochen werden.

VARiANTEN

- Mit der App Aris können ebenfalls Spiele und Lernaufgaben mobil durchgeführt werden. Im Schulkontext hat sich bislang Actionbound bewährt.
- Apps wie maps.me bieten vielfältiges Kartenmaterial, welches auch offline genutzt werden kann. In der App können nicht direkt Aufgaben eingebunden werden, jedoch kann die App bei der Orientierung im Raum genutzt werden.
- Es gibt andere Apps, mit denen sich Quizze und Lernaufgaben erstellen lassen. Allerdings bietet Actionbound mehr Funktionen, als z. B. Kahoot!.
- Darüber hinaus können die Schüler*innen mit Actionbound unmittelbar die korrekten Ergebnisse einsehen. Außerdem überzeugt die Kombination aus Quizzen, Informationen und GPS-Rallye.

2.6 Videos erstellen mit iMovie

Ziele/Kompetenzen

Die Schüler*innen …
- planen einen Film und setzen diesen in der Fremdsprache um.
- wenden fremdsprachliche Kompetenzen mündlich und schriftlich an.
- nutzen die Fremdsprache kreativ.
- handeln Bedeutungen in der Arbeitsgruppe aus.
- erstellen Filmsequenzen und setzen diese mit iMovie zu einem Video zusammen.
- reflektieren den Einsatz der Fremdsprache und der gestalterischen Mittel.
- übernehmen die Perspektive der Rezipienten ihres Filmes.

Fach/Klasse

Alle Fächer und alle Klassen

Einsatzmöglichkeiten

Darstellung bekannter und neuer Inhalte, Sicherung erarbeiteter Inhalte, Präsentation erarbeiteter Inhalte, Transformation von Inhalten in ein neues Genre

Verwendungshinweise

iMovie ist ein beliebtes Programm für iOS. Mit ihm können Videoaufnahmen bearbeitet und zu einem Film zusammengefügt werden. Das Programm ist oft bei iPads kostenlos vorinstalliert und kann umgehend genutzt werden. Sollten Tablets, Laptops und PCs mit anderen Betriebssystemen vorhanden sein, lassen sich andere Apps mit denselben Funktionen nutzen (siehe unten, „Ähnliche Apps").

Vorbereitung

- Geräte und Updates prüfen
- iMovie (iOS) aus dem itunes App-Store kostenfrei installieren, ggf. ist die App bereits vorinstalliert.

Sozialform(en)	Ähnliche Apps
Gruppenarbeit	WeVideo (Android: kostenfrei, Werbung, In-App Käufe)

Beschreibung

Das Programm iMovie bietet vielfältige Funktionen, um längere Filme sowie kurze Trailer zu erstellen. Unter der Rubrik „Projekte" lassen sich zahlreiche Projekte anlegen. Um einen Film zu erstellen, lädt der Nutzer zuvor aufgenommene Videos und Fotos in die App. Diese können die Schüler*innen entweder direkt mit dem Tablet drehen oder auf dieses laden. Direkt in der App gedrehte Videos können angesehen, übernommen und im Bearbeitungsmodus flexibel verschoben und angeordnet werden. Es besteht die Option, Tonspuren aufzuzeichnen sowie dem Video Musik und Soundeffekte hinzuzufügen. Die Video- und Audiospuren können einfach verschoben und angepasst werden. Zu jeder Zeit können die Schüler*innen das aktuelle Produkt ansehen und bearbeiten.

iMovie ist eine eingängige, intuitiv zu bedienende App, mit der Anfänger auf einfache Weise spannende Filme erstellen können. Dass auf einer Arbeitsoberfläche jederzeit alle Video- und Audiokomponenten einzusehen und zu bearbeiten sind, hilft den Schüler*innen, den Überblick zu behalten. Im Vergleich zu Apps wie Puppet Pals HD (siehe S. 41, Kap. 2.7) oder Toonastic (siehe S. 45, Kap. 2.9), in welchen die Schüler*innen mit vorgefertigten Hintergründen und Figuren arbeiten, ist die Gestaltung mit iMovie völlig offen. Daher sollten Lernaufgaben, Inhalte und Ergebnisse zur Orientierung vorgegeben werden. Bei guter Planung durch die Lehrkraft bietet diese Offenheit viel Potential zum differenzierten Arbeiten, da jede Lernergruppe entsprechend ihrer fremdsprachlichen Kompetenzen ein Sprachprodukt erstellen kann. Vor allem der kreative Umgang mit Sprache und die Reflexion der Gestaltung stehen im Vordergrund.

TiPPS | Die App iMovie bietet eine offene Arbeitsplattform zur Bearbeitung und Erstellung von Filmen. Von den Schüler*innen erstellte Sequenzen lassen sich leicht in die App laden.
- Die einfachste und unmittelbarste Variante ist es, die Sequenzen mit dem Tablet zu filmen, mit dem der Film erarbeitet werden soll.
- Sollte das Mikrofon nicht reichen, um Sprache zum Bild aufzunehmen, kann diese später in iMovie eingesprochen werden.
- iMovie bietet bereits viele Soundeffekte und Musiksorten, die genutzt werden können.
- Eine Differenzierung ergibt sich aus der Verwendung von iMovie automatisch.

> ✍ Eine konkrete Lernaufgabe mit Hinweisen zum Thema, zum Umfang des
> Films und zu Aspekten des finalen Produktes ist notwendig.
> ✍ Sollten andere Apps verwendet werden, bietet es sich an, darauf zu ach-
> ten, dass nicht zu viele Funktionen angeboten werden, da dies die Arbeit
> komplizierter machen kann.

VARIANTEN Es lassen sich zahlreiche andere Apps mit ähnlichen Funktionen finden.
Es bietet sich immer an, zu schauen, ob eine App für die Bearbeitung von
Filmen bereits im regulären Umfang des Softwarepakets vorinstalliert ist.
Zudem ist es möglich mit Apps wie Puppet Pals HD (siehe S. 41, Kap. 2.7)
oder Toonastic (siehe S. 45, Kap. 2.9) Filme zu erstellen, die vorgefertigte
Hintergründe und Figuren nutzen und mit dieser halboffenen Gestaltung
Unterstützung bieten.

Material

Wer spricht welche Sprachen?

Erstellt einen Film über die Sprachen in eurer Schule.
Euer Film sollte 2:00 – 2:30 Minuten lang werden.

Folgende Schritte sind notwendig:

1) Sucht mindestens drei Schüler*innen, die zu Hause eine Sprache
   sprechen, die nicht Deutsch ist.
2) Fragt die Schüler*innen, ob sie euch ein paar Fragen beantworten
   möchten. Es geht um ihre Familiensprachen.
3) Überlegt euch vorher drei Fragen, die euch in Bezug auf die Sprachen
   der anderen interessieren. Besprecht diese mit eurer Lehrerin oder
   eurem Lehrer.
4) Stellt die Fragen den ausgewählten Schüler*innen und filmt die
   Antworten.
5) Ladet die Interviews in iMovie und bearbeitet diese zu einem Film.

TiPPS ✍ Verbindet die Sequenzen mit Übergängen.
✍ Erstellt eine Einleitung, einen Schluss und nutzt ggf. einen Erzähler
oder einen Reporter zwischen den Interviewsequenzen.
✍ Fügt Musik und Soundeffekte ein, wenn nötig. Beachtet dabei,
dass das Gesprochene gut zu hören ist.

2.7 Storytelling mit Puppet Pals HD

Ziele/Kompetenzen

Die Schüler*innen …

⮥ schreiben und sprechen in der Fremdsprache.

⮥ verbinden Sprache mit visuellen Impulsen.

⮥ gestalten ein digitales Buch.

⮥ fassen Inhalte zusammen.

⮥ präsentieren ihre Bücher in der Klasse.

Fach/Klasse

Jüngere Lerner

Einsatzmöglichkeiten

Erarbeitung neuer Inhalte, Sicherung erarbeiteter Inhalte, Präsentation erarbeiteter Inhalte

Verwendungshinweise

Das Programm Puppet Pals HD ist für iOS erhältlich. Es bietet die Möglichkeit, mit Figuren und Hintergründen – ähnlich eines Puppentheaters – Geschichten nachzuspielen und diese aufzunehmen. Die Sprache der Lernenden wird parallel zu den Bewegungen der Figuren aufgezeichnet und lässt sich als Video abspielen. Puppet Pals HD kann als Alternative zu Rollenspielen oder zur filmischen Umsetzungen von Inhalten genutzt werden.

Vorbereitung

⮥ Geräte und Updates prüfen

⮥ Puppet Pals HD aus dem itunes App-Store kostenfrei (In-App-Käufe) installieren

⮥ Geschichten vorbereiten   ⮥ Vokabular vorentlasten

Sozialform(en)	Ähnliche Apps
Plenum, Einzelarbeit, Gruppenarbeit	⮥ Our Story (siehe S. 24, Kap. 2.1) ⮥ Toonastic (siehe S. 45, Kap. 2.9)

Beschreibung

Das Programm Puppet Pals HD ist ein digitales Puppentheater. In dem Programm können Hintergründe und passende Figuren zu Themen, wie

Weihnachten, Märchen, Talk Shows oder auch Politik, ausgewählt werden. Hintergründe und Figuren verschiedener Themengebiete können frei kombiniert werden. Zudem gibt es die Funktion, eigene Fotos hochzuladen oder direkt in der App zu generieren, die als Hintergründe oder Figuren (Schneidewerkzeug in der App vorhanden) genutzt werden können. Nachdem Hintergründe und Figuren gewählt worden sind, werden die Figuren mit den Fingern vor dem Hintergrund bewegt. Die Figuren lassen sich vergrößern, verkleinern und drehen. Die Hintergründe können mit einem Klick gewechselt werden. Dank der Aufnahmefunktion des Programms werden alle Bewegungen, wie sie am Bildschirm vollzogen werden, parallel mit der zu den Bewegungen der Figuren gesprochenen Sprache aufgenommen.

Im Fremdsprachenunterricht lässt sich die App aufgrund ihres professionellen Designs und der einfachen Handhabung auch gut bei jungen Schüler*innen nutzen. Außerdem liegt es jungen Lernern noch näher, sich auf die Abstraktion des Puppentheaters einzulassen. Bereits mit geringen sprachlichen Kompetenzen können komplexe Geschichten erzählt werden, wenn die Schüler*innen die Hintergründe und Figuren aussagekräftig wählen. Im Vergleich zu anderen Apps, in denen alle Inhalte eigenständig generiert werden müssen, ist bei Puppet Pals HD – durch die thematisch passenden Hintergründe und Figuren – Material zur Erstellung von Geschichten bereits gegeben.

TiPPS	Wichtig ist es beim Einsatz, …
	✍ das Thema klar zu definieren,
	✍ die Geschichte vorzuplanen (ggf. mit Hilfe eines Storyboards, siehe S. 42, Kap. 2.1, Our Story),
	✍ ggf. die Anzahl von Figuren und Hintergründen sowie die Länge der Geschichten vorzugeben,
	✍ Vokabular vorzuentlasten und sprachliche Hilfen anzubieten.
	✍ Eine Differenzierung ergibt sich je nach sprachlichen Kompetenzen der Schüler*innen, indem diese freie Sprache produzieren können.

VARIANTEN	Die App Puppet Pals HD bietet sowohl durch die visuelle Unterstützung der Geschichten als auch die intuitive Nutzung des Programms eine optimale Lösung, um eigenständig Geschichten zu entwickeln und diese professionell umzusetzen. Zwar lassen sich Apps, wie z. B. Our Story (siehe S. 24, Kap. 2.1) oder Toonastic (siehe S. 45, Kap. 2,9), ebenfalls nutzen, um Geschichten zu erzählen. Allerdings ist der Aufwand der visuellen Gestaltung höher, während sich die Schüler*innen mit Puppet Pals HD vorwiegend auf die sprachliche Umsetzung fokussieren können.

2.8 Interaktiv Vokabeln und Grammatik lernen mit Busuu

Ziele/Kompetenzen

Die Schüler*innen …
- ✍ üben Vokabeln.
- ✍ erhalten Einblick in und Erklärungen zur Grammatik.
- ✍ treten in Dialog mit anderen.
- ✍ testen ihr Wissen im Quiz.

Fach/Klasse

Alle Fächer und alle Klassen

Einsatzmöglichkeiten

Festigung von Vokabular und Grammatik, Erlernen neuen Vokabulars, Erlernen neuer Grammatik, interaktive Erweiterung sprachlicher Kompetenzen, Kontakt zu Muttersprachlern

Verwendungshinweise

Das Programm Busuu kann im Browser und auf mobilen Geräten als App (iOS und Android) genutzt werden. Schüler*innen können individuell an verschiedenen Lektionen – sortiert nach Niveaustufen und orientiert an lebensweltlichen Themen – arbeiten. Neben der Lernzeit im Unterricht kann Busuu privat in der Freizeit genutzt werden, da sich jeder Nutzer registriert.

Vorbereitung

- ✍ Geräte und Updates prüfen
- ✍ Busuu (iOS, Android: kostenfrei, In-App-Käufe) installieren oder über den Browser öffnen
- ✍ Mit privatem Konto anmelden (über Facebook, Google oder bei Busuu)

Sozialform(en)	Ähnliche Apps
Einzelarbeit	Duolingo (iOS, Android, browserbasiert: kostenfrei, ggf. Werbung, In-App-Käufe)

Beschreibung

Das Programm Busuu bietet verschiedene Lektionen zum Selbstlernen an. Alle Lektionen sind nach den Niveaustufen des Europäischen Referenzrahmens sortiert und behandeln lebensweltliche Themen. So können die Schüler*innen auf der Niveaustufe A1 Aufgaben zu Themen bearbeiten, wie z. B. „sich vorstellen und begrüßen", „über sich selbst sprechen", „Alltagssätze verwenden", „beschreiben, wie man sich fühlt".

Mit diesen pragmatisch orientierten Aufgaben ist die App eine gute Ergänzung zum fremdsprachlichen Kompetenzerwerb in der Schule. Die App kann von den Schüler*innen im Unterricht, aber auch in der Freizeit genutzt werden, da sie sich individuell anmelden müssen. Das Programm ermöglicht es ihnen, sukzessiv die Aufgaben zu bearbeiten. Dabei werden einfache Vokabelübungen mit Dialogen, Quizzen und Kommentaren von Muttersprachlern kombiniert. Es gibt sogar die Funktion, als Sprachexperte für die eigene Familiensprache mit anderen in Kontakt zu treten.

TiPPS	⬭ Wichtig ist, dass diese Art des individuellen Lernens mit aktivierenden Sprechphasen in der Klasse kombiniert wird. Das Lernen mit Busuu kann ein motivierender Zusatz sein, der jedoch die Einführung, Entlastung und Festigung von Vokabular im Unterricht nicht ersetzt! ⬭ Die Nutzung privater Geräte bietet sich an, wenn die Schüler*innen im Unterricht die App als eine Differenzierungsaufgabe nutzen können. Hier ist innerhalb der Schule zu besprechen, ob private Geräte genutzt werden dürfen. Die Schüler*innen können auch jederzeit von anderen Geräten auf ihren Account zugreifen und üben. ⬭ Die Schüler*innen können sich je nach Interesse weitere Sprachen aneignen und/oder Einblicke in diese erhalten.
VARiANTEN	Es gibt zahlreiche Programme, die das Lernen von Vokabeln in Lektionen anbieten und mit visuellen und auditiven Impulsen unterstützen. Wird eine Alternative zu Busuu gewünscht, bietet die App Duolingo eben solche Selbstlernsequenzen in Kombination mit Foren zur Diskussion.

2.9 Cartoons entwickeln mit Toonastic

Ziele/Kompetenzen

Die Schüler*innen …

- ⟁ geben gelernte Inhalte in einem Cartoon wieder.
- ⟁ erarbeiten eigene Geschichten.
- ⟁ erstellen Sprachprodukte.
- ⟁ kombinieren sprachliche mit visuellen Symbolen.
- ⟁ reflektieren ggf. ihre sprachliche Performanz.
- ⟁ erarbeiten sich ggf. unbekannte Sprachstrukturen selbstständig.

Fach/Klasse

Alle Fächer und alle Klassen

Einsatzmöglichkeiten

Festigung erlernter Inhalte und sprachlicher Mittel, Erarbeitung und Präsentation neuer Inhalte und sprachlicher Mittel, Erhebung und Reflexion der Sprachkompetenz, Transformation von Inhalten in ein anderes Genre

Verwendungshinweise

Die App Toonastic kann kostenfrei für iOS und Android (sowie Chromebooks) aus den jeweiligen Stores heruntergeladen werden. Der Nutzer muss sich nicht anmelden und kann vielfältige Anwendungen nutzen. Die erstellten Geschichten können auf den jeweiligen Geräten gespeichert und/oder mit anderen geteilt werden.

Vorbereitung

- ⟁ Geräte und Updates prüfen
- ⟁ Toonastic (iOS, Android) kostenfrei installieren oder über den Chromebrowser nutzen
- ⟁ Eine Anmeldung ist nicht notwendig

Sozialform(en)	Ähnliche Apps
Einzelarbeit	Puppet Pals HD (siehe S. 41, Kap. 2.7)

Beschreibung

Die App Toonastic bietet viele Hintergründe und Figuren, um einen eigenen Cartoon (sprich: einen animierten Comic) zu erstellen. Die App ist auf Englisch, sodass im Englischunterricht ein authentisches Material mit der App geboten und Begriffe gelernt werden können. Für alle anderen Sprachenfächer bietet die App eine sprachübergreifende Lernumgebung.

Mit der App lassen sich „short stories" (3 Min.), „classic stories" (5 Min.) und „science reports" (5 Min.) erarbeiten. Für jede Geschichte werden einzelne Szenen aufgenommen. Bei der „classic story" kann je eine Szene von bis zu einer Minute gedreht werden, die von der App jeweils den Phasen einer Geschichte, „set up", „conflict", „challenge", „climax", „resolution", zugeordnet und zusammengefügt werden. Für jede Szene können Hintergründe und Figuren ausgewählt und/oder selbst erstellt werden. Während der Aufnahmezeit werden die Figuren bewegt und die Sprache der Schüler*innen aufgezeichnet. Im Vergleich zu Puppet Pals HD (siehe S. 41, Kap. 2.7) sind die Figuren nicht starr, sondern laufen und bewegen die Lippen, wenn sie bewegt werden. Toonastic ist eine Plattform, um Geschichten zu erzählen und Sprache mit visuellen Impulsen zu kombinieren. Dabei bietet die Gliederung der App Unterstützung, da jeweils eine Sequenz nach der anderen erstellt wird. Die Schüler*innen gestalten so auf einfache Weise einen eigenen Cartoon, den sie mit anderen teilen können. Der Cartoon kann genutzt werden, um den Schüler*innen Feedback zu ihren sprachlichen Leistungen zu geben oder diese selbst reflektieren zu lassen. Die leichte Bedienung der App erlaubt es, jederzeit neue Szenen zu drehen und alte zu ersetzen, wenn eine Überarbeitung der Sprache notwendig erscheint.

TiPPS Um ansprechende und sprachlich hochwertige Cartoons zu erstellen, ist eine gute Vorbereitung notwendig. Die Schüler*innen sollten ihre Geschichten vorab planen (siehe Material) und Hintergründe sowie Figuren auswählen. Dazu ist eine Sichtung der App vor der eigentlichen Produktion notwendig. Die App kann – je nach Arbeitsverhalten der Schüler*innen – schon in der Planungsphase genutzt werden.

VARiANTEN Mit Puppet Pals HD lässt sich ein Sprachprodukt mit ähnlichem Mehrwert erstellen: Sicherung des Sprachproduktes, visuelle Unterstützung, Überarbeitung usw.
Unterschiede lassen sich hauptsächlich in der strukturellen Gestalt der App finden:
- Die Aufnahme findet bei Toonastic in drei bis fünf Einzelszenen statt, während diese Einteilung bei Puppet Pals HD selbst übernommen werden muss.
- Das Layout von Puppet Pals HD ist weniger differenziert als bei Toonastic, sodass sich ggf. ein Start mit dem einfacheren Layout anbietet.

Material (Toonastic)

Titel der Geschichte _____

Autor(en) _____

Szene 1 (Einführung)

Schauplatz _____

Charaktere _____

Was passiert? _____

_____

_____

Warum passiert es? _____

_____

Szene 2 (Konflikt)

Schauplatz _____

Charaktere _____

Was passiert? _____

_____

_____

Warum passiert es?_____

_____

Szene 3 (Herausforderung)

Schauplatz _____

Charaktere _____

Was passiert? _____

_____

_____

Warum passiert es? _____

_____

Szene 4 (Höhepunkt)

Schauplatz _____

Charaktere _____

Was passiert? _____

_____

_____

Warum passiert es? _____

_____

Scene 5 (Auflösung)

Schauplatz _____

Charaktere _____

Was passiert? _____

_____

_____

Warum passiert es? _____

_____

2.10 Songs, Podcasts und Co. mit GarageBand erstellen

Ziele/Kompetenzen

Die Schüler*innen …
- erstellen einen Podcast zu einem vorgegebenen Thema.
- erarbeiten Inhalte selbstständig.
- verfassen Texte auf Grundlage erarbeiteter Informationen.
- sprechen fremdsprachliche Texte ein und nehmen diese auf.
- fügen gesprochene Texte in der App GarageBand zusammen.
- kombinieren gesprochene Texte mit Sounds.

Fach/Klasse

Alle Fächer und alle Klassen

Einsatzmöglichkeiten

Festigung erlernter Inhalte und sprachlicher Mittel, Erarbeitung und Präsentation neuer Inhalte und sprachlicher Mittel, Transformation von Inhalten in ein anderes Genre

Verwendungshinweise

Die App GarageBand ist gratis für das Betriebssystem iOS und macOS erhältlich. Die App bietet ein Tonstudio, in welchem verschiedene Audiospuren kombiniert werden können.

Vorbereitung

- Geräte und Updates prüfen
- GarageBand aus dem itunes App-Store kostenfrei installieren (ggf. schon vorinstalliert)

Sozialform(en)	Ähnliche Apps
Partner- und Gruppenarbeit	Audiotool (browserbasiert)

Beschreibung

Die App GarageBand bietet den Schüler*innen ein Tonstudio, in welchem eigene Songs, aber auch Podcasts, Radiofeatures und/oder Hörspiele erstellt und bearbeitet werden können.

In GarageBand können zuvor erstellte Sprachdateien geladen oder direkt in der App erzeugt werden. Es lassen sich verschiedene Spuren erstellen, indem auf verschiedene Instrumente zugegriffen werden kann. Es finden sich z. B. Schlagzeug, Bass, Gitarre, Streicher, mit denen Musikspuren erstellt und mit anderen kombiniert werden können. Der aktuelle Arbeitsstand kann zu jeder Zeit angehört und bearbeitet werden.

GarageBand bietet eine übersichtliche Arbeitsfläche, auf welcher die Schüler*innen gesprochene oder gesungene Sprache mit Musik so anreichern können, dass ein umfassendes Sprachprodukt entsteht. Sie planen ihre Texte und nehmen diese auf. Die Aufnahme mit einem iPad erlaubt es, diese beliebig zu wiederholen und unmittelbar in die App zu laden. Das Anreichern sprachlicher Texte mit Sounds bietet die Chance, das Gesagte zu verstärken und ein umfassendes Hörerlebnis zu schaffen.

Für die Lehrkraft bieten die Sprachprodukte eine Grundlage für Feedback und Bewertungen. Es wird deutlich, in welchen Kompetenzbereichen die sprachlichen Fähigkeiten und ggf. Probleme der Schüler*innen zu finden sind.

TiPPS
- Um ansprechende und sprachlich hochwertige Sprachprodukte zu erstellen, ist eine konkrete Lernaufgabe (Thema, Ziel, Hilfen) notwendig.
- Die Schüler*innen können differenziert an ihren Sprachprodukten arbeiten, wenn die Lernaufgabe eingeführt und die App bekannt ist.
- Die Lehrkraft kann durch ein eigenes Beispiel die App einführen, um das Interesse der Schüler*innen zu wecken.
- Die Lehrkraft nutzt die Möglichkeit der App, instrumentelle Spuren zu erstellen und gibt erfahrenen Schüler*innen auch die Möglichkeit, eigene Songs zu erstellen. Eine fachübergreifende Kombination mit dem Musikunterricht ist möglich.

VARiANTEN
Die Bedienung von GarageBand ist sehr intuitiv und die Bedienoberfläche sehr übersichtlich. Gleichwertige andere Programme wirken weitaus komplexer. Dennoch können z. B. mit Audiotool auch browserbasierte Lösungen gefunden werden.

3.1 Spielerisch Wissen überprüfen mit Kahoot!

Ziele/Kompetenzen

Die Schüler*innen ...
- ✍ verstehen einfache Fragen.
- ✍ geben Antworten auf einfache Fragen.
- ✍ wählen aus zwei bis vier Antwortmöglichkeiten aus.

Fach/Klasse

Alle Fächer und alle Klassen

Einsatzmöglichkeiten

Überprüfung von gelernten Inhalten und/oder sprachlichen Aspekten (Vokabular, Grammatik, Sprachanwendung)

Verwendungshinweise

Das Programm Kahoot! kann browserbasiert oder als App mit allen gängigen Betriebssystemen auf mobilen Geräten genutzt werden. Nutzer können sich anmelden. Das Programm kann jedoch auch ohne Anmeldung genutzt werden, um Quizze zu erstellen. Auch die Nutzer der Quizze können ohne Anmeldung per PIN auf das jeweilige Quiz zugreifen.

Vorbereitung

- ✍ Geräte und Updates prüfen
- ✍ Kahoot! (iOS, Android, Windows, browserbasiert: kostenfrei, In-App-Käufe) auf den Geräten installieren oder im Browser öffnen
- ✍ Quiz erstellen
- ✍ PIN generieren

Sozialform(en)	Ähnliche Apps
Plenum, Einzelarbeit, Gruppenarbeit	✍ Socrative (siehe S. 53, Kap. 3.2) ✍ Quizlet (iOS, Android, Windows, Chrome: kostenfrei, ggf. Werbung, In-App-Käufe)

Beschreibung

Das Programm Kahoot! erlaubt es, ein Set an Fragen mit vorgegebenen Antworten (zwei bis vier) zu erstellen. Der Zugriff auf die Frage durch andere Nutzer wird über die App per PIN ermöglicht. Die Nutzer müssen sich nicht zuvor anmelden, sondern können auf die Frage zugreifen, wenn sie den PIN gesehen und eingegeben haben. Auf diese Weise kann der Benutzerkreis flexibel erweitert werden. Auch lassen sich die Fragen und Antworten unmittelbar und schnell an einem Gerät generieren, sodass diese spontan im Unterricht erstellt werden können.

Für den Unterricht können Fragen zu sämtlichen Inhalten, sprachlichen und grammatikalischen Inhalten erzeugt werden und die Lehrkraft kann die Antworten per Beamer oder interaktiver Tafel allen zugänglich machen. Die Schüler*innen können sofort sehen, für welche Antwortmöglichkeiten sich die Gruppe entschieden hat. Sie erhalten ein Feedback zu ihren Antworten und können diese im Vergleich zum Antwortverhalten der Gruppe reflektieren. Der Lehrkraft bietet Kahoot! die Chance zu erheben, welche Informationen die Schüler*innen korrekt benennen können und bei welchen Aspekten weiterer Förderbedarf besteht. Die Erhebung kann anonym durchgeführt werden, sodass ein Bild der gesamten Lerngruppe erzeugt werden kann, ohne einzelne Schüler*innen hervorzuheben.

TIPPS

- Die Lehrkraft erstellt Quizze und testet diese mit ihren Kolleg*innen oder Bekannten aus, um zu sehen, wie das Programm funktioniert.
- Die Lehrkraft erklärt den Schüler*innen die Funktionen der App, damit diese nachvollziehen können, auf welche Weise ihre Antworten im Programm sichtbar werden.

VARIANTEN

- Es gibt vielfältige Programme mit denen Übungsaufgaben erstellt, an die Schüler*innen ausgegeben und deren Antworten ausgewertet werden.
- Die Schüler*innen erstellen Fragen und Antworten eigenständig. Auf diese Weise können erlernte Inhalte wiederholt und für alle als Vertiefung aufbereitet werden.
- Die App Socrative bietet eine sehr detaillierte Erhebung der Antworten und zeigt diese für einzelne Schüler*innen an.

3.2 Quizze erstellen mit Socrative

Ziele/Kompetenzen

Die Schüler*innen …

⚒ wenden erworbenes Wissen in Quizzen an.

⚒ verstehen einfache Fragen.

⚒ geben Antworten auf einfache Fragen.

Fach/Klasse

Alle Fächer und alle Klassen

Einsatzmöglichkeiten

Überprüfung von gelernten Inhalten und/oder sprachlichen Aspekten (Vokabular, Grammatik, Sprachanwendung)

Verwendungshinweise

Das Programm Socrative funktioniert browserbasiert sowie als App für alle gängigen Betriebssysteme. Es gibt die zwei Versionen „Socrative Student" und „Socrative Teacher". Die Lehrkraft kann in der Anwendung „Socrative Teacher" Quizze, Multiple-Choice-Aufgaben, Ja/Nein-Fragen und weitere Spiele erstellen, auf die die Schüler*innen über die App „Socrative Student" zugreifen. Die Lehrkraft sowie die Schüler*innen melden sich dafür im Programm an, sodass sie von jedem Gerät darauf zugreifen können.

Vorbereitung

⚒ Geräte und Updates prüfen

⚒ „Socrative Student" und „Socrative Teacher" (iOS, Android, Windows: kostenfrei) auf den Geräten installieren

⚒ Nutzerkonten erstellen

⚒ Quiz erstellen

Sozialform(en)	Ähnliche Apps
Plenum, Einzelarbeit, Gruppenarbeit	⚒ Kahoot! (siehe S. 51, Kap. 3.1) ⚒ Quizlet (iOS, Android, Windows, Chrome: kostenfrei, ggf. Werbung, In-App-Käufe)

Beschreibung

Das Programm Socrative bietet Gelegenheit, das Wissen und die sprachlichen Kompetenzen der Schüler*innen zu überprüfen. Die Lehrkraft kann vielfältige Aufgaben erstellen, welche die Schüler*innen unmittelbar per Smartphone, Tablet oder PC beantworten. Die Lehrkraft sieht in Echtzeit die Antworten der Schüler*innen. So kann abgeschätzt werden, wo Lernerfolge und Defizite liegen, welche Inhalte ggf. vertiefend besprochen werden müssen bzw. welcher Schüler*innen in welchen Bereichen konkrete Förderbedarfe zu haben scheint.

Dank der App erleben die Schüler*innen eine Art der Leistungskontrolle in einer spielähnlichen Situation. Die Ergebnisse können ebenfalls als Feedback und Reflexionsgrundlage für die Leistungen der Schüler*innen dienen. Erstellte Quizze lassen sich speichern und für eine andere Lerngruppe wieder aufrufen. Diese können auch mit Kolleg*innen geteilt werden.

TiPPS

- Die Lehrkraft erstellt Quizze und testet diese mit ihren Kolleg*innen oder Bekannten aus, um zu sehen, wie das Programm funktioniert.
- Die Lehrkraft stellt ihren Schüler*innen die App „Socrative Teacher" vor, damit diese wissen, auf welche Weise die Tests erstellt werden und welche Einblicke sie in die Ergebnisse haben. Benennen sie weiterhin die Funktion, die die Quizze in Bezug auf die Leistungsbewertung haben werden.

VARiANTEN

- Es gibt vielfältige Programme mit denen Übungsaufgaben erstellt, an die Schüler*innen ausgegeben und deren Antworten ausgewertet werden.
- Mit Kahoot! lassen sich ebenfalls Quizze erstellen, die an jedermann verschickt werden können und bieten sich an, wenn spontan ein Quiz erstellt werden soll.
- Für die Schüler*innen ist Quizlet eine interessante Variante, da sie dort selbstständig für sich Karteikarten und Lernsets anlegen und mit der App üben können, ohne dass die Lehrkraft Einblick erhält.

3.3 Gelerntes mit Minecraft wiedergeben

Ziele/Kompetenzen

Die Schüler*innen …
- ⟁ erschaffen eigene Welten mit Minecraft.
- ⟁ bauen Sehenswürdigkeiten und Landschaften nach.
- ⟁ schreiben und sprechen zu ihren Konstruktionen in der Fremdsprache.
- ⟁ stellen ihre Konstruktionen in der Fremdsprache vor.
- ⟁ vergleichen eigenen Konstruktionen und Präsentationen mit ihren eigenen Ideen.

Fach/Klasse

Alle Fächer und alle Klassen

Einsatzmöglichkeiten

Transformation gelernter Inhalte in ein anderes Genre; Darstellung von Ergebnissen in einer räumlichen Konstruktion; Diskussion verschiedener Möglichkeiten zur Darstellung von erarbeiteten Inhalten

Verwendungshinweise

Das Programm Minecraft ist für alle gängigen Betriebssysteme erhältlich und auf sämtlichen Geräten nutzbar. Es ist kostenpflichtig und sollte ab einer Bildschirmgröße von mindestens 10 Zoll gespielt werden, um alle Funktionen einsehen zu können. Inhaltlich funktioniert Minecraft wie ein Bausteinkasten. Es werden Welten mit Bausteinen frei erschaffen. So lassen sich sämtliche Bauwerke erstellen und mit Details wie Zäunen, Blumen, Straßen usw. verknüpfen. Zudem gibt es die Möglichkeit, Spielmodi zu nutzen.

Vorbereitung

- ⟁ Geräte und Updates prüfen
- ⟁ Minecraft (iOS, Android, Windows, Mac, Linux: kostenpflichtig) erwerben, installieren und sich anmelden

Sozialform(en)	Ähnliche Apps
Plenum, Einzelarbeit, Gruppenarbeit	⟁ Blocksworld HD (iOS, kostenfrei, In-App-Käufe) ⟁ Block Story (Android: kostenpflichtig)

Beschreibung

Das Programm Minecraft bietet eine Oberfläche, auf der mit Bausteinen Welten konstruiert werden können. Die Nutzer können sämtliche Bauelemente frei kombinieren, sodass den kreativen Umsetzungsmöglichkeiten keine Grenzen gesetzt werden. Erschaffene Welten können detailgetreu der Realität nachempfunden oder aus der Fantasie erstellt werden.
Zusätzlich gibt es die Möglichkeiten, Spielmodi zu durchlaufen oder sich frei in den eigenen Welten zu bewegen und zu spielen.
Im Fremdsprachenunterricht bietet Minecraft Gelegenheit, um fremdsprachliche Lebenswelten und Lerngelegenheiten zu erbauen. Die Schüler*innen können sowohl berühmte Sehenswürdigkeiten des Zielsprachlandes recherchieren und nachbauen als auch Fantasiewelten erschaffen.
Je nach Lernaufgabe bieten die Welten Impulse, um z. B. über das Geschehen in diesen oder die Konstruktion dieser zu schreiben und/oder zu sprechen. Die Welten können im Klassenverband vorgestellt und diskutiert werden. Auch ist es möglich, die Welten zu speichern und zu einem anderen Zeitpunkt beliebig daran weiterzubauen. Auch lassen sich fachübergreifende Unterrichtssequenzen einfügen, wenn die Schüler*innen Konstruktionen berechnen, geometrische Formen beschreiben, Hinweise zur Lebensart in ihrer Welt geben u. v. m.

TiPPS

- In eindeutig formulierten Lernaufgaben muss den Schüler*innen der Rahmen und das Ziel ihrer Bauvorhaben mit Minecraft erläutert werden.
- Die Schüler*innen sollten zunächst damit betraut werden einzelne, einfache Gebäude zu erstellen, um a) ein Gefühl für die Funktionsweisen von Minecraft zu erhalten und b) die Motivation durch unmittelbar erlebte Ergebnisse zu stärken.

VARiANTEN

Es gibt zahlreiche Alternativen zu Minecraft (z. B. Blocksworld HD oder Block Story), die ebenfalls ausprobiert werden können. Allerdings hat sich Minecraft in seinen Funktionsweisen in zahlreichen Unterrichtsstunden bereits bewährt, sodass trotz des Kaufpreises diese Version zu empfehlen ist. Der Nachteil bei kostenfreien Versionen ist nach wie vor der hohe Werbeanteil.

Material

Mein Zimmer, meine Welt

1) Baue dein Zimmer in Minecraft nach.
2) Ordne Gegenstände in deinem Zimmer an der richtigen Stelle an.
3) Beschreibe dein Zimmer in mindestens fünf Sätzen.
4) Stelle dein Zimmer deinen Mitschülern vor.

Hilfreiche Satzanfänge und –enden:

Der/Die/Das … steht in der Ecke/an der Wand/rechts/links von.

3.4 Klassisch präsentieren mit Microsoft PowerPoint®

Ziele/Kompetenzen

Die Schüler*innen …

⚐ präsentieren von ihnen erarbeitete Inhalte zu einem Thema in der Fremdsprache.

⚐ verstehen die Inhalte fremdsprachlicher Präsentationen.

⚐ schulen sich in der visuellen Gestaltung von Präsentationen unter Nutzung digitaler Medien.

Fach/Klasse

Alle Fächer und alle Klassen

Einsatzmöglichkeiten

Erstellen von Präsentationen

Verwendungshinweise

⚐ Je höher die Klasse, desto umfangreicher und anspruchsvoller die Präsentationen

⚐ Je weniger Erfahrung die Schüler*innen haben, desto mehr Hilfestellung ist notwendig

Vorbereitung

⚐ Geräte und Updates prüfen

⚐ Microsoft PowerPoint® bei Windows meist standardmäßig oder als kostenlose App in den gängigen App-Stores (In-App-Käufe möglich)

Sozialform(en)	Ähnliche Apps
Plenum, Einzelarbeit, Gruppenarbeit	Keynote (iOS: kostenfrei)

Beschreibung

Inhalte zu präsentieren ist hilfreich, um erlernte oder im Rahmen einer Projektarbeit von den Schüler*innen erarbeitete Inhalte der gesamten Klasse vorzustellen und zu diskutieren. Die Schüler*innen werden herausgefordert, die relevantesten Aspekte zu einem Thema zusammenzutragen, in der Fremdsprache zu formulieren und ihren Vortrag mit einer digitalen Hilfe visuell zu unterstützen.

Als Sicherung dienen sie, wenn die Schüler*innen neue Inhalte im Plenum vorstellen und besprechen. Mit Microsoft PowerPoint® üben sich die Schüler*innen im Umgang mit einer klassischen Software zum Präsentieren, welche ihnen in ihrem zukünftigen Alltags- und Arbeitsleben regelmäßig begegnen wird.

TiPPS
Das Erstellen und Halten guter Präsentationen ist sehr komplex.
Die Schüler*innen müssen …
- die Erarbeitung von Inhalten,
- die Reduktion komplexer Inhalte und
- die Aufbereitung komplexer Inhalte in der Fremdsprache üben.
  Die Elemente des Präsentierens sollten deshalb bereits frühzeitig in den Unterricht eingebaut werden.

VARiANTEN
Neben klassischen Apps, wie Microsoft PowerPoint®, und Webanwendungen, wie Prezi (siehe S. 60, Kap. 3.5), können Präsentationen auch als Videoformate (z. B. Adobe Spark, siehe S. 27, Kap. 2.2) vorgestellt werden. Hierbei werden Sprache und bildliche Elemente im Vorfeld zusammengefügt und aufgenommen.

Material I

Stelle dich vor.

1) Mache Fotos von dir, deiner Familie, Freunde, Hobbys etc.
2) Starte die App Microsoft PowerPoint®.
3) Importiere die Fotos in die App.
4) Ordne die Bilder auf einzelnen Folien an.
5) Beschreibe die Bilder, indem du jedem Foto einen erklärenden Text hinzufügst.

3.5 Dynamisch präsentieren mit Prezi

Ziele/Kompetenzen

Die Schüler*innen ...

⚒ präsentieren von ihnen erarbeitete Inhalte zu einem Thema in der Fremdsprache.

⚒ verstehen die Inhalte fremdsprachlicher Präsentationen.

⚒ schulen sich in der visuellen Gestaltung von Präsentationen unter Nutzung digitaler Medien.

⚒ nutzen die dynamischen Funktionen von Prezi, um ihre Aussagen zu unterstützen.

Fach/Klasse

Alle Fächer und alle Klassen

Einsatzmöglichkeiten

Erstellen von Präsentationen, Sicherung bekannter und neuer Inhalte

Verwendungshinweise

Die Anwendung Prezi bietet die Möglichkeit, Inhalte auf einer großen Arbeitsfläche anzuordnen und während einer Präsentation in einer bestimmten Reihenfolge aufzurufen.

Prezi funktioniert browserbasiert und der Nutzer muss sich ein Konto erstellen. Die einfachste Version ist kostenlos nutzbar. Diese funktioniert jedoch nur, wenn das Gerät beim Abspielen der Prezi online ist. Außerdem ist die Präsentation in diesem Modus einsehbar für andere. Sollen die Daten geschützt sein, muss eine kostenpflichtige Variante gewählt werden.

Soll die Präsentation nicht über den Browser angezeigt werden, kann mit iOS, Android und Windows die App „Prezi Viewer" heruntergeladen werden.

Vorbereitung

⚒ Geräte und Updates prüfen   ⚒ Prezi-Account anlegen

Sozialform(en)	Ähnliche Apps
Plenum, Einzelarbeit, Gruppenarbeit	⚒ Keynote (iOS) ⚒ Microsoft PowerPoint® (siehe S. 58, Kap. 3.4)

Beschreibung

Das Programm Prezi ist eine Präsentationsapp, mit der erlernte oder von den Schüler*innen im Rahmen einer Projektarbeit erarbeitete Inhalte der gesamten Klasse vorgestellt und diskutiert werden können. Auf einer großen Arbeitsfläche lassen sich unterschiedliche Inhalte gestalten und so miteinander verbinden, dass diese während der Präsentation in einer bestimmten Reihenfolge erscheinen. Mittels einer Toolbox lassen sich Rahmen, Bilder, Textfelder und Videos einfügen und kombinieren. Mittels der Funktion Path lassen sich unterschiedliche Bereiche auf der Arbeitsfläche miteinander verbinden.

Im Vergleich zu Anwendungen wie Microsoft PowerPoint®, die mit einzelnen Folien arbeiten, ist die Gestaltung von Inhalten in Prezi nicht räumlich begrenzt. Das Erstellen einer Prezi fordert daher eine gute Vorstellung davon, wie Inhalte präsentiert werden sollen und bietet dafür umfangreiche Möglichkeiten.

Die Schüler*innen werden herausgefordert, die relevantesten Aspekte zu einem Thema zusammenzutragen, in der Fremdsprache zu formulieren und ihren Vortrag mit einer digitalen Hilfe visuell zu unterstützen. Als Sicherung dienen Prezis, wenn die Schüler*innen neue Inhalte im Plenum vorstellen und besprechen.

TiPPS

- Die Schüler*innen sollten bereits Erfahrungen mit dem klassischen Präsentieren, z.B. mit Microsoft PowerPoint® (siehe S. 58, Kap. 3.4), haben, da sie auf diese Weise lernen, Inhalte im Rahmen einer Folie zu reduzieren und zu strukturieren. Dies kann ihnen helfen, um auf der Arbeitsoberfläche von Prezi den Überblick zu behalten.
- Ggf. kann es helfen, den Schüler*innen die Länge der Prezi oder eine Anzahl von „Sprüngen" von einem inhaltlichen Flecken zum anderen vorzugeben.

VARiANTEN

Neben klassischen Apps, wie Microsoft PowerPoint®, und Webanwendungen wie Prezi können Präsentationen auch als Videoformate (z.B. Adobe Spark, siehe S. 27, Kap. 2.2) vorgestellt werden. Hierbei werden Sprache und bildliche Elemente im Vorfeld zusammengefügt und aufgenommen.

Material (Fortgeschrittene Lerner)

Eine Klassenfahrt nach XY

Ihr wollt eine Klassenfahrt nach XY planen. Überlegt euch, was ihr in drei Tagen besuchen und ansehen möchtet.

1) Benennt mindestens fünf Orte die ihr besuchen werdet.
2) Erstellt mit Prezi für jeden Ort mindestens einen „Flecken". Fügt Fotos ein und gebt wesentliche Informationen (Was könnt ihr an dem Ort machen? Wie kommt ihr dorthin? Kostet es Eintritt?)
3) Überlegt euch, wo ihr wohnen und wie ihr anreisen könnt. Erstellt dazu ebenfalls Informationen.
4) Präsentiert eure Reise der Klasse mit Prezi.